DITES BIEN À MON FILS QUE JE L'AIME

DU MÊME AUTEUR

Les Perles de la télé, Jean-Claude Gawsewitch, 2012.
Les Secrets du « Millionnaire », TF1 éditions, 1994.

PHILIPPE RISOLI

DITES BIEN À MON FILS QUE JE L'AIME

l'Archipel

Cahier hors-texte : sauf mention contraire,
toutes les photos sont issues
de l'album personnel de l'auteur.

Notre catalogue est consultable à l'adresse suivante :
www.editionsarchipel.com

Éditions de l'Archipel
92, avenue de France
75013 Paris

ISBN 978-2-8098-4798-7

L'histoire, c'est la passion des fils
qui voudraient comprendre les pères.

Pier Paolo Pasolini

Ma mère se prénomme Marie-Thérèse,
je ne la connais que sous le prénom de Thérèse.

Mon père s'appelle Pietro, devenu Pierre,
je ne le connais que sous le surnom de Pierrot.

À Thérèse et Pierrot, mes parents.

Prologue

— Pardonnez-moi, j'espère ne pas vous avoir fait attendre trop longtemps ? nous dit la pneumologue, qui vient de faire son retour dans le bureau.

La jeune femme blonde, douce et souriante, s'adresse plus particulièrement à mon père. Car c'est bien mon père qui est assis à côté de moi, ce vendredi 22 décembre 2017.

Depuis le « départ » de maman, fin octobre 2004, papa, qui a appris à vivre seul dans sa petite maison de l'Oise, passe traditionnellement toutes ses fêtes de Noël avec nous. Longtemps, il est arrivé deux jours avant, le coffre de sa voiture rempli de victuailles diverses :

— Ça vient de la campagne, c'est bien meilleur que ce que vous achetez à Paris, et c'est bio !

Pour la troisième année consécutive, parce qu'il ne se sent plus capable d'affronter la circulation parisienne, je suis venu le chercher. Sur le chemin, je retrouve le père de mon enfance, très directif.

— Attention aux radars, tu roules trop vite ! Tu sais que c'est limité à 50 dans ces petits patelins ?… Pourquoi tu passes par là, moi je préfère la nationale…

Je fais semblant de ne pas entendre. Alors, il enchaîne, lui qui ne vient plus très souvent dans la capitale :

— Bah, mon vieux, qu'est-ce que ça a changé par ici !

Mon père, qui voue une véritable passion à ses petits-enfants, se réjouit de passer ces quatre ou cinq jours avec eux dans une ambiance festive.

Mais en cette fin d'année 2017, nous faisons un petit crochet par Amiens. Car, depuis trois ou quatre mois, il a du mal à respirer, il tousse un peu, et s'essouffle trop rapidement.

C'est pourquoi, il y a une dizaine de jours, sur les conseils de son généraliste, il est venu une première fois passer des examens : analyses de sang, radios diverses et, surtout, scanner des poumons. Ce sont ces résultats que nous sommes sur le point de découvrir.

L'écran de l'ordinateur maintenant tourné dans notre direction, nous voyons plus nettement cette image qui semble bien nous présenter des poumons, mais que nous sommes incapables de décrypter. L'interprétation nous en est fournie dans le même temps :

— Nous sommes en présence d'une suspicion de mésothéliome malin.

Déclaration suivie d'un silence que je brise rapidement :

— C'est-à-dire ?

— La paroi de votre plèvre a tendance à s'épaissir…

— Et ?

— … et elle comprime de plus en plus le poumon, ce qui empêche votre papa de respirer normalement.

À cet instant, je commence à saisir intuitivement la gravité du diagnostic qui nous est délivré au compte-gouttes, avec un luxe de précautions.

Mon père qui, depuis plusieurs années déjà, se réfère à mon jugement en la matière, m'interroge du regard ; mais je reste muet, n'ayant pas encore tous les éléments en main. Je me contente d'un petit signe pour le faire patienter et pose l'unique question qui me semble essentielle :

— Est-ce que c'est curable ?

La réponse est sans appel :

— Non… mais nous pouvons retarder l'avancement de la maladie grâce à différents traitements.

Mon père, alors âgé de près de quatre-vingt-dix ans, ne semble pas prendre la mesure du diagnostic, et demande s'il devra prendre des cachets, ce qui l'embête bien car il en prend déjà beaucoup !

Un peu déstabilisé, je n'ai pas le temps de réagir, car notre interlocutrice s'adresse à nouveau à mon père et lui demande :

— Avez-vous, monsieur Risoli, été en contact avec de l'amiante, dans votre vie professionnelle, par exemple ?

— Non ! Jamais, répond mon père d'une voix ferme.

— En êtes-vous certain ?

— Oui ! répond-il, à la limite de l'agacement. J'étais imprimeur, je travaillais sous une verrière. J'ai été en contact avec le plomb, mais jamais avec l'amiante… Sauf, peut-être, quand je nettoyais une fois par an le chapeau qui coiffait le petit chauffe-eau de notre cuisine… Tu t'en souviens, Philippe ?

Bien sûr que je m'en souviens, de cet évier-salle de bains, et de ce minuscule chauffe-eau auquel on demandait quotidiennement de fournir de l'eau au moins tiède à cinq personnes.

— Monsieur Risoli, allez passer les fêtes de Noël en famille. Puis, je vous propose de commencer par des séances de chimiothérapie dès votre retour de Paris... On peut même attendre la première semaine de janvier si vous le souhaitez.

Bien qu'à ce stade le mot n'ait jamais été prononcé, aucun doute n'est plus possible, il s'agit bien d'un cancer, et d'un bien méchant puisque incurable : un cancer de la plèvre causé par l'amiante !

Nous prenons date pour les trois premières séances de chimio, et prenons congé de notre pneumologue, bien décidés néanmoins à passer de joyeuses fêtes de Noël.

Les séances de chimio ont commencé. Mon père semble, malgré son âge avancé, plutôt bien les supporter. Si je fais de plus en plus souvent des allers-retours dans le Nord, je n'ai pas le cœur à l'accompagner. Alors, il me raconte en détail, minimisant ses souffrances pour ne pas m'inquiéter. Il pose sa main sur son flanc gauche en appuyant fermement pour, dit-il, le soulager un peu, mais je sens bien que son état, lentement mais sûrement, est en train de se dégrader.

Le 18 mai 2018, nous fêterons ses quatre-vingt-dix ans. Mais auparavant, il fait tout pour être en forme le samedi 12, car ce jour-là, il marie sa petite-fille, Julia ! En la regardant, me confie-t-il, il lui trouve une ressemblance étonnante avec ma mère, et ça lui fait du bien.

Pari gagné. Ce 12 mai, il est le premier debout, comme au bon vieux temps. Il assiste à toutes les étapes de la cérémonie, ne s'asseyant que pour le dîner. Je suis même obligé de lui demander un peu fermement de rentrer se coucher à... 2 heures du matin !

Pour ses quatre-vingt-dix ans, je lui offre la tondeuse dont il avait envie. Pas une autoportée, mais celle que l'on pousse en parcourant le pré de long en large. Pour rester en forme, se justifie-t-il !

Au mois de décembre de cette même année, il est néanmoins hospitalisé une première fois sur une courte durée pour, selon son expression, « se requinquer un peu », avant une nouvelle salve de chimio prévue le 26 décembre. Car, depuis le mariage de ma fille, il ne vient plus à Paris passer les fêtes de Noël. C'est nous qui allons jusqu'à lui.

Les 16 janvier et 6 février 2020 ont lieu les chimios deux et trois. Contrairement à celles de l'année précédente, elles se passent très mal. Il ne les supporte plus.

Les mois suivants seront essentiellement constitués de courts, mais nombreux séjours au CHU d'Amiens. Compte tenu de l'éloignement, je lui rends visite au moins une fois par semaine, jusqu'à ce mardi 17 mars 2020 qui marque le point de départ du premier confinement, seule réplique trouvée dans l'urgence au coronavirus qui déferle sur notre pays, et que nous connaîtrons bientôt sous le nom de Covid-19.

Ce jour-là, mon père est hospitalisé et je suis dans l'impossibilité de lui rendre visite, alors que, le jeudi 26 mars, il tente une nouvelle chimio. Ce sera la dernière : quelques jours plus tard, il prend la décision irrévocable d'arrêter toute injection supplémentaire.

Je souffre pour lui à distance, d'autant que l'on m'informe qu'il ne mange plus et, plus grave, qu'il ne s'hydrate plus. Je pense alors, à tort, que son calvaire touche à sa fin. À tort, oui, car quelques jours plus tard, le 14 avril, ma fille, Julia, nous annonce qu'elle est enceinte et que la naissance est prévue au mois de novembre suivant.

Malgré le confinement qui perdure, je rejoins mon père pour lui apprendre la bonne nouvelle de vive voix. Cette annonce a l'effet d'un véritable miracle. Pourtant au plus mal, il me rétorque sur le ton que je lui ai connu étant enfant, et qui parfois me faisait un peu peur :

— Je veux connaître mon arrière-petit-fils !

Mon petit-fils, Léo, naîtra le 11 novembre 2020, et mon père aura tenu promesse : il est toujours là !

Que dire de cette dernière année qui ne sera qu'alternance de hauts et de bas ? Des hauts pas très hauts, hélas, et des bas très, très bas…

Les dernières échographies montrent que la plèvre comprime maintenant complètement le poumon. La respiration devient presque impossible, mais mon père continue de me rassurer :

— Ne t'inquiète pas, bientôt ça va aller mieux !

En février 2021, c'est le retour du couvre-feu à 18 heures. Je continue néanmoins à faire ce trajet et, compte tenu de son extrême fragilité, commence à évoquer l'idée d'une possible vaccination contre la Covid… Ce qui ne manque pas de le faire rire. Que sait-on, me rétorque-t-il, des éventuels effets indésirables dans les dix ou vingt années à venir ? Persuadé que cela ne présente plus aucun intérêt pour lui, mais désireux de me faire confiance, il accepte pourtant.

C'est ainsi que le dimanche 21 mars, je l'emmène en voiture à l'hôpital de Beauvais pour sa première injection de vaccin Moderna qu'il supporte très bien. La deuxième injection doit avoir lieu le dimanche 18 avril. Ce sera également notre dernier voyage ensemble. Une trentaine de kilomètres entre son domicile et l'hôpital de Beauvais, après en avoir parcouru ensemble des milliers ! La toute dernière fois où il me mettra en garde contre les radars…

Le 18 mai, nous lui organisons un déjeuner d'anniversaire en famille, chez lui, en présence d'un couple de ses amis très chers pour fêter ses quatre-vingt-treize ans. Mais je sens bien qu'il est au bout de ses forces, même s'il refuse d'abdiquer face à la maladie. Trois jours après ce déjeuner, il sera transporté en urgence au centre de soins palliatifs Saint-Victor à Amiens, pour ne plus en ressortir.

Malgré toute l'attention, le dévouement, le professionnalisme des aides-soignants et des médecins, cette fin fut à la fois un véritable calvaire, mais aussi une délivrance. J'allais lui rendre visite le plus souvent possible, car il décrochait de moins en moins le téléphone. Assis en face de lui, je me disais qu'il était le dernier de cette génération qui avait constitué la famille de mon enfance. L'unique personne à me connaître depuis le jour de ma naissance. Le dernier témoin !

Durant cette période, quasiment pour la première fois, il m'a parlé de son enfance en Italie, de la guerre, de son arrivée en France, de sa rencontre avec ma mère… Je lui disais que, de tous ces souvenirs, je ferais un livre. Il me répondait simplement :

— Ah ! Toi, alors… Et tu crois vraiment que ça va intéresser quelqu'un ?

Le 14 juillet, j'arrive à l'hôpital, pensant regarder le défilé avec lui à la télévision. Mais elle était éteinte et il dort. Il faut vraiment qu'il soit à bout de forces car, depuis son départ en retraite, il n'a jamais manqué un défilé.

Je reviens le lendemain, en début d'après-midi. Cette fois, je le trouve à demi éveillé, mais conscient. Il me fait signe de m'approcher et, doucement, mais comme à son habitude, fermement, il me dit :

— Je veux partir… Pourquoi ils ne me laissent pas partir ?

Je suis là, planté devant son lit, ne trouvant pas les mots pour lui répondre.

Puis, vient une autre phrase qui me glace :

— Va-t'en, je ne veux pas que tu me voies mourir !

Anne et moi sortons dans le couloir d'où nous pouvons toujours le voir. Nous nous regardons tous les deux fixement. Après nous avoir fait un dernier petit signe d'éloignement, il répète très nettement, sans pourtant qu'aucun son ne parvienne jusqu'à nous :

— Je ne veux pas que tu me voies mourir !

Le lendemain, à 19 h 30, une infirmière me téléphone :

— Votre papa est parti, apaisé, il y a dix minutes.

Le silence qui suit me paraît interminable, jusqu'à ce que mon interlocutrice reprenne enfin :

— Surtout, m'a-t-il dit : « Dites bien à mon fils que je l'aime… »

Quand j'étais petit garçon…

J'ai toujours vécu à Paris. Je suis un Parisien, un vrai.

Enfin, presque.

J'ai, si j'ose dire, été conçu entre deux portes : la porte de Clignancourt et la porte de Saint-Ouen, boulevard Ney, au pied de la butte Montmartre. Le boulevard périphérique qui encercle Paris n'existait pas encore. À sa place, une longue bande de terrains vagues à l'abandon, jadis occupée par une population très pauvre, totalement désertée par la suite pour cause d'insalubrité, et qui deviendra dans ces années-là non seulement le refuge des adolescents amoureux, le paradis des renards, des rats et autres lapins, mais surtout mon futur terrain de jeux. C'est précisément cette parcelle qui tenait lieu de frontière entre Paris et la banlieue toute proche. Son nom : la Zone !

Les couples ont dû fêter joyeusement la nouvelle année 1953. Quelques jours après l'avènement du divin enfant, ils ont dû se passer le mot pour en faire un.

N'était-ce pas la consigne générale dans les années d'après-guerre ? « Faites des enfants, la jeunesse c'est l'avenir ! » Les Français entendent le message et l'appliquent à la lettre. Conséquence, le baby-boom. Et, en ce début septembre, grand embouteillage à l'hôpital Bretonneau, dans le XVIIIe arrondissement de Paris, où ma maman, née au même endroit vingt ans plus tôt, doit accoucher. C'est donc Saint-Ouen et sa clinique, toute proche de notre domicile, qui furent choisis pour que j'y pousse mon premier cri.

Il y avait urgence. Pressé d'arriver, il me faut déjà de l'action. Je ne peux plus attendre, j'ai hâte de découvrir ce monde nouveau qui me tend les bras.

Quelques mois plus tôt, une amie de ma mère, aux dons de voyance réels ou imaginaires, lui a prédit mon arrivée, alors même qu'elle n'était pas enceinte. Et pour cause, elle n'avait pas encore fait la connaissance de mon père. Cette amie avait de nombreux flashs à propos de l'enfant à venir. À coup sûr un garçon, qui serait « connu » plus tard, sans savoir ni pourquoi ni dans quel domaine, si ce n'est que « l'image » tiendrait une place prépondérante dans sa vie. Ce qui était certain, en revanche, c'est qu'il fallait absolument le prénommer Charles, prénom du général de Gaulle, mais aussi d'artistes reconnus et populaires comme Charles Trenet.

Mes parents hésitèrent donc au moment crucial de choisir un prénom, mais c'est finalement Philippe qui fut préféré, suivi de Jean (mon parrain), Louis (à cause de Louisette, ma marraine) et, au cas où la voyante aurait vu juste… Charles en quatrième place !

Affublé des prénoms des principaux rois de France, j'étais donc paré pour affronter la vie, du moins celle de mon quartier qui s'étendait de la fameuse Zone jusqu'au marché aux puces de Saint-Ouen, montait jusqu'à la place Clichy et, encore plus haut, au Sacré-Cœur.

Un petit territoire où l'on trouvait de nombreux cinémas, dont le plus prestigieux, le mythique Gaumont Palace, plus grande salle d'Europe, avec ses sièges en velours rouge, au pied de la rue Caulaincourt. On y trouvait également des restaurants, mais aussi de nombreux artistes de rue, peintres, musiciens, chanteurs, mimes… Un quartier populaire, donc, où l'on pouvait aussi bien croiser des « Gabin » tout droit sortis du film *Rue des prairies*, des macs démodés dans la cour des Abbesses – très prisée de nos jours –, que des cadres élégants sur les hauteurs de la Butte… L'ouvrier côtoyait le col blanc dans une atmosphère sympathique et bon enfant.

Nous vivons à cinq dans un appartement HLM de la Ville de Paris occupé par Louise, ma grand-mère maternelle, depuis les années 1930. Ou plutôt à six, car Gérard, un cousin germain de dix ans mon aîné, en conflit avec son beau-père, est venu nous rejoindre. Tout comme mon frère, Olivier, né en 1962. Ce cousin qui partage ma chambre, inconditionnel de Ray Charles, Dave Brubeck et Elvis Presley, me convertira à ce style de musique.

Je chante d'ailleurs à tue-tête dans l'appartement dès mon plus jeune âge, dans une langue de mon invention que je suis seul à décoder, car je ne parle pas l'anglais.

Je raconte à ma mère qu'un petit garçon du cours préparatoire chante si fort que la maîtresse a dû l'attacher à sa chaise et lui coller un morceau de sparadrap sur la bouche. J'omets de lui dire que ce petit garçon… c'est moi !

Un panier à salade sur la tête, je grimpe sur un balai en criant : « Artiste… ! »

Un peigne, une cuiller à soupe ou un quignon de pain peuvent très bien me servir de micro. Loin d'être effacé, je dessine de façon précoce les tout premiers contours de mon territoire artistique. Maman ne manquera jamais de me le rappeler.

Tu vas prendre une tourlousine !

24 décembre 1965. Je viens tout juste d'avoir douze ans.

Comme d'habitude, la préparation du repas du réveillon donne lieu à de multiples discussions auxquelles je ne me mêle que très peu. Chacun y va de son avis éclairé. La majorité s'accorde à dire qu'« il y en a marre de la sempiternelle dinde ». Pourtant, chaque année, le chapon n'étant pas encore à la mode, la dinde fait contre toute attente son grand retour et se retrouve au centre de la table, agrémentée de marrons. Pour « ceux qui n'aiment pas », ma grand-mère maternelle, cuisinière hors pair, a soin d'ajouter toutes sortes de légumes frais délicatement préparés et présentés en accompagnement.

« Ceux qui n'aiment pas » seront d'ailleurs à jamais en infériorité numérique, puisqu'il n'y aura jamais que très peu de restes censés agrémenter le déjeuner du lendemain.

Pour commencer le réveillon, des fruits de mer dont le prix, à cette époque, est encore à la portée des familles modestes. Nous nous régalons donc de langoustines, de palourdes, de crabes, de bulots, de crevettes, de praires et bien entendu d'huîtres.

Ah ! les huîtres… Comme chaque année, c'est mon père qui est chargé de les ouvrir. Muni d'un couteau spécial et d'un petit chiffon, il maîtrise parfaitement la technique et ne laisserait à personne le soin de le remplacer. Toute tentative extérieure (il y en a peu) serait vouée à l'échec et se verrait opposer l'argument choc :

— J'en ai connu un qui s'est ouvert la main comme ça et qui a fini à l'hôpital !

Imparable.

*

Mon père en a très souvent « connu un » ! Encore aujourd'hui, je me méfie, en tondant la pelouse, car il en a « connu un » qui s'était fait couper le bras par la lame. Je reste toujours d'une extrême prudence en allumant le barbecue car il en a « connu un » qui a été brûlé au visage. Lorsque je roule un peu vite et qu'il est assis à ma droite, il ne manque jamais de me rappeler qu'il en a « connu un » qui, voulant « faire le mariole », a été flashé, puis contrôlé par la police embusquée un peu plus loin. J'ose à peine ajouter qu'il en a « connu un » qui s'est fait « voler son portefeuille comme ça », moins grave cependant qu'un autre qu'il a également connu, dont la femme est partie sans crier gare avec un ami de longue date…

La liste n'est pas exhaustive, elle pourrait se prolonger à l'infini. Pas de nom, pas de visage. Mon père est seul à les connaître, à avoir été le témoin de leur malchance. Peut-être même ne font-ils qu'un ? Ce doit être sa façon à lui de nous alerter, de nous mettre en garde, de nous protéger.

Enfant, puis adolescent, ma relation avec mon père n'a pas toujours été simple. Un homme droit, travailleur, bon père, mais sévère, très sévère, trop sans doute.

Je devais marcher droit, filer doux, toujours ! Me couler dans le moule, ne surtout pas faire de vagues… Une sévérité qui, aujourd'hui, semblerait excessive, mais qui était alors monnaie courante.

— Tu la vois, celle-là ?

Question qu'il m'a trop souvent posée à mon goût et à laquelle je n'ai que trop rarement eu le temps de répondre ! Moi qui, bien plus tard, me passionnerais pour les jeux de culture générale, aurais-je d'ailleurs eu le temps de formuler une réponse acceptable ? La menace était souvent jumelée avec une expression aujourd'hui désuète, voire totalement oubliée, mais tout aussi redoutable :

— Si tu continues, tu vas prendre une tourlousine !

Le conditionnel, en préambule de cette promesse, n'a presque jamais joué en ma faveur, comme j'imagine ce fut le cas pour bon nombre d'enfants de mon âge.

Pourquoi, dès la naissance, ne nous informe-t-on pas que, dans certaines circonstances, le conditionnel peut muter instantanément en futur immédiat ? Cette subtilité de la grammaire française échappait visiblement à mon père. J'ajoute que ce « si tu continues » me laissait le plus souvent perplexe, n'ayant pas dans la majorité des cas le sentiment d'avoir commencé quoi que ce soit !

Sans doute étais-je arrivé un tout petit peu trop tôt dans sa vie, détournant par la même occasion une partie non négligeable de l'amour de ma mère, dont il détenait jusque-là l'exclusivité.

Cette sévérité excessive à mon égard sera l'une des rares sources de tensions entre mes parents, ma mère prenant très ostensiblement ma défense. Cette autorité trop affirmée se prolongera jusqu'à l'obtention de mon baccalauréat, puis s'évaporera presque intégralement pour ne réapparaître que très ponctuellement, en pointillé, et, bien entendu, sous une forme plus édulcorée.

Il est vrai également que sa propre enfance avait été autrement plus « compliquée » que la mienne.

Né en 1928 d'un couple d'immigrés italiens, il n'avait pas les meilleurs atouts dans son jeu pour démarrer sereinement son parcours.

Tout comme lui, Angelo, son père, était également un homme de caractère.

Natif de la région d'Émilie-Romagne, antifasciste convaincu, n'ayant jamais accepté de se vêtir de noir de la chemise aux chaussures, s'étant battu à plusieurs reprises avec les membres de la section locale adepte de Mussolini, ayant enfin, au risque de sa vie, refusé de saluer le Duce lors d'une réunion publique, mon grand-père avait préféré quitter son pays natal dans la précipitation pour se retrouver dans la ville Lumière, traditionnellement cosmopolite et reconnue précisément comme l'un des principaux foyers antifascistes.

C'est plus exactement à Belleville, fief parisien de nombreux exilés transalpins, qu'il finit par atterrir, avant de quitter un peu plus tard le XXe arrondissement pour la rue de Tanger, dans le XIXe voisin.

C'est pour cette adresse, quelques années plus tard, que mon père, âgé de sept ans, accompagné de Louis, son frère aîné, fera à son tour le voyage, sans imaginer qu'aucun retour ne sera jamais programmé. Rejoindre ses parents peu de temps avant le début de la guerre était alors l'unique objectif.

La situation était pour le moins inconfortable, d'abord parce que mon grand-père viticulteur, ne balbutiant à son arrivée que les mots les plus usuels de la langue française, irait dans un premier temps de petits boulots en petits boulots mal rémunérés et très éloignés de son savoir d'origine, à seule fin de subvenir aux besoins vitaux de sa famille.

Ensuite, parce que les Italiens, officiellement alliés des Allemands, étaient le plus souvent considérés en France comme des ennemis.

Dans ces années 1930, en effet, contrairement semble-t-il à la décennie précédente, les étrangers, et en particulier les Ritals, ne sont plus les bienvenus. Néanmoins, pour mon grand-père, qui a finalement trouvé un premier emploi stable chez un transporteur spécialisé dans le tissu, la vie aurait pu s'écouler sans trop de remous.

Mais c'était compter sans l'invasion allemande de mai 1940. Un vent de panique souffle sur la capitale. Le début de l'Exode va rebattre les cartes.

C'est donc à nouveau dans la précipitation, mais cette fois sans destination finale précise, qu'Angelo embarque sa petite famille dans un camion de la société qui l'emploie. Direction le Sud avec, en guise d'étape possible, Limoges en ligne de mire. Les routes étroites de l'époque sont encombrées d'automobiles, de voitures à bras, d'autres encore tirées par des chevaux, des bicyclettes, des marcheurs. La route semble interminable quand on voyage dans des conditions précaires, dans un camion surchargé de bobines de tissus et où ont pris place nombre de familles de collègues de mon aïeul, auxquelles sont venus s'ajouter au fil du périple bon nombre d'inconnus, seuls ou en groupe, usés par les kilomètres et le manque de nourriture…

Le convoi progresse, certes lentement et dans des conditions très inconfortables, mais sans accroc notoire, jusqu'au jour où, à l'approche de Limoges, une attaque aérienne stoppe net la caravane en la mitraillant sur toute sa longueur, laissant sur le bas-côté des dizaines de blessés et de morts. Images épouvantables qui marqueront à jamais la mémoire des survivants, heureusement nombreux ce jour-là.

Au tout début des années 1950, le cinéaste René Clément en fera un film très émouvant, *Jeux interdits*, qui connaîtra un succès mondial et obtiendra une multitude de prix. Mais l'histoire de mon père et de ma famille ne se confond pas avec celle des deux enfants remarquablement interprétés par Brigitte Fossey et Georges Poujouly dans ce long-métrage.

En effet, à peine les avions ennemis disparus, certains des collègues de mon grand-père, sans doute choqués et dépassés par une situation qui leur échappe complètement, décident arbitrairement, et sans autre fondement que sa nationalité italienne, de faire un exemple de celui qui vient pourtant de les transporter.

Ce jour-là, n'étant pas armés, c'est dans une confusion générale que certains de ses camarades, obnubilés par une soif de vengeance qui les prive de tout discernement, décident purement et simplement de pendre mon grand-père sur-le-champ. Rien n'y fait, aucune explication ne semble les raisonner. Si certains commencent à reprendre leurs esprits, un noyau dur, quoique largement minoritaire, ne veut rien entendre !

Il faudra toute la détermination et la rage de mon oncle, Louis, et de mon père pour tenter d'empêcher cette mise à mort. Ils se battent jusqu'au bout de leurs forces, allant en dernier recours jusqu'à mordre profondément leurs adversaires en surnombre ; mais, tabassés jusqu'au sang, ils semblent impuissants face à l'aveuglement de cette poignée d'excités.

C'est alors qu'a lieu un petit miracle : un Anglais, présent sur les lieux, parvient *in extremis* à calmer les esprits en revendiquant haut et fort son statut d'étranger, demandant pour ce motif à être pendu avant mon grand-père. Proposition emprunte de beaucoup de courage – mais aussi d'une insolente naïveté – ou coup de bluff de génie ?

Contre toute attente, l'improbable effet espéré se produit. Non seulement les belligérants se calment, mais certains, honteux, viennent présenter leurs excuses à mon grand-père ! La sentence immorale, imbécile, sans autre fondement que la présence d'un bouc émissaire, doublée d'une grande fatigue et d'une terreur à fleur de peau, ne sera pas exécutée ; mais elle se gravera à jamais dans l'esprit de mon père qui, plus de quatre-vingts ans plus tard, me racontera cette scène dans les moindres détails, avec une force intacte teintée d'un sentiment d'injustice.

Quelques mois après ces douloureux événements, de retour à Paris, mon père est inscrit à l'école primaire de la rue de Tanger, dans le XIXe arrondissement, où dorénavant la famille habite un modeste deux pièces dépourvu du confort moderne. Pas de salle d'eau, toilettes sur le palier, un vieux poêle à charbon pour se chauffer et cuisiner, mais l'important était d'être réunis.

Difficile cependant d'assumer jour après jour ce statut d'Italien ennemi de la France. À tel point que mes grands-parents, afin d'éviter toute discrimination, finiront par demander à leurs enfants de ne plus jamais parler leur langue maternelle en dehors du cercle familial ! Précaution tout à fait illusoire, puisqu'on leur démontre chaque jour le contraire, notamment en classe où un distinguo s'opère presque naturellement entre les enfants en fonction de leurs origines.

Aujourd'hui, à l'école, c'est distribution de masques à gaz « au cas où » pour tout le monde… sauf pour lui et ses camarades juifs, polonais et bien entendu italiens. Alors, le matin, ma grand-mère, Philomène, lui en confectionne un très artisanal à l'aide d'un chiffon mouillé, presque le même que celui avec lequel il ouvrira les huîtres bien plus tard, lui intimant de le placer sur son visage en cas d'alerte. Fort heureusement, il n'aura jamais à s'en servir !

Puisqu'il ne faut plus s'exprimer en italien afin d'éviter les brimades, il finira par ne plus parler du tout dans cette langue, au point, des années plus tard, de l'avoir presque oubliée et de se trouver dans l'impossibilité de communiquer avec les membres de sa famille restés au pays.

En classe, il s'enferme ainsi dans un quasi-mutisme, ce qui, par la suite, le privera sûrement des diplômes auxquels il aurait pu prétendre.

Toutes ces épreuves qui auront marqué son enfance et son adolescence du sceau de la peur expliquent-elles en partie sa sévérité envers ses propres enfants ?

Heureusement, ces brimades ne l'empêcheront pas de faire une très belle carrière dans le métier qu'il aura choisi : l'imprimerie.

Tu n'oublieras pas d'éteindre !

Mon père se retrouve à nouveau un chiffon humide à la main, cette fois pour ouvrir des huîtres.

À cet instant, il est heureux et ne pense plus à ces années de guerre, du moins je le crois, car il faudra attendre une cinquantaine d'années pour qu'il se laisse aller, l'âge venant, à quelques confidences.

Ma mère a plutôt la responsabilité des fins de repas, fromages, salades et desserts. En plus de la traditionnelle bûche, le plus souvent au café, il y a profusion d'autres pâtisseries faites maison, mais aussi, exceptionnellement ce soir-là, des fruits exotiques rapportés d'un petit marchand des quatre-saisons de la rue du Commerce, dans le XVe arrondissement de Paris, tout proche de son lieu de travail rue Fondary. Les kiwis font alors leur apparition et côtoient le duo mangue-litchis, nouveaux venus également sur notre table à côté des presque déjà classiques ananas et autres noix de cajou.

*

Maman est secrétaire de direction à la revue *Bateaux*, un mensuel spécialisé dans la voile et la navigation de plaisance. Pour espérer avoir accès au *big boss*, il faut passer par elle, quel que soit votre titre ou votre renommée.

Il y a trois catégories d'hommes, disait Platon : les vivants, les morts et ceux qui vont sur la mer. Ma mère a le privilège de côtoyer fréquemment ces derniers, et non des moindres : Éric Tabarly en tête, Bernard Moitessier, Alain Colas…

La voile, dans les années 1960, ne connaît pas encore l'essor et l'engouement actuel du public. Néanmoins, je prends un réel plaisir, chaque mois de janvier, à l'accompagner au Salon nautique qui se tient au Centre des nouvelles industries et technologies de la Défense, plus communément appelé CNIT-La Défense.

Elle y représente la revue *Bateaux* deux semaines d'affilée, week-end compris.

Ma mère fut et restera à jamais le premier amour de ma vie. Notre rapport est fusionnel. Un regard suffit pour nous comprendre.

Trop peu souvent avec elle dans la journée, puisque son travail l'occupe à plein temps, je profite de cette opportunité pour la voir évoluer dans son cadre professionnel.

J'apprends beaucoup auprès d'elle : le sens de la phrase, la capacité d'écoute, la réplique instantanée et toujours appropriée.

Son métier repose essentiellement sur les rapports humains, doublés d'une communication bien construite.

Il y a par ailleurs les voiliers, de plus en plus imposants et sophistiqués au fil du temps. L'occasion unique de monter à bord, puisqu'il est inimaginable que nous puissions un jour nous en offrir un !

Ils me font rêver et exacerbent mon goût précoce pour les lointains voyages, moi qui n'ai guère dépassé la ville d'Hennebont, dans le Morbihan, racine d'une partie de ma famille maternelle. Pas de bateau pour nous y rendre chaque été, mais un voyage en Dauphine qui prend vite les allures d'une épopée au long cours. Le voyage fait partie des vacances, disait-on, lorsque le trajet commençait à sembler un peu long…

Ma mère était ma confidente, ma complice, voire ma répétitrice – des récitations de mon enfance aux interminables commentaires de droit durant ma période étudiante. Elle a compris très tôt mon intérêt pour les médias et l'image, mais aussi mon goût prononcé pour la communication au sens large, peu fréquent à cette époque chez les gamins de mon âge.

Bien avant la télévision, c'est l'énorme poste de radio, perché sur une étagère dans un coin de notre cuisine, qui m'a fasciné.

J'ai fini par avoir raison du gros bouton qui permet de passer d'une fréquence à une autre. Je connais par cœur les programmes de Radio Luxembourg et d'Europe n°1 (devenus RTL et Europe 1 aujourd'hui). Il fallait attendre plusieurs minutes après l'avoir allumé pour qu'un son se fasse entendre. Les lampes devaient d'abord chauffer, ce qui laissait largement le temps de lire et relire les noms des villes inscrits en façade : New York, Moscou, Rabat, Londres, Madrid, Johannesburg, Rome, Mexico, etc. Je ne les situe pas toujours avec précision, mais une intuition et ma soif de découvrir me disent qu'un jour, sûrement, j'irai les visiter !

Puis, soudainement, une voix sortait des entrailles de cette grosse machine.

Je me rappelle encore la peur que me causaient les chansons d'Édith Piaf, « La Foule » ou « Milord », l'émotion des « Roses blanches », le suspense et l'angoisse, en entendant Zappy Max clamer son célèbre « Quitte… ou double ? ». Les meneurs de jeu, je les reconnais tous dès le premier mot. C'est une intonation, un accent, même très léger, un timbre de voix, une respiration : mon oreille était infaillible.

Par la suite, le transistor remplacera les gros postes à lampes, et le « *swinging London* » reléguera le « Ici Londres, les Français parlent aux Français » au rayon de l'histoire de France. Une nouvelle génération d'animateurs plus modernes balaiera la précédente. C'est, dit-on encore aujourd'hui, « la loi du genre ». Je les aimerai tout autant, mais n'imagine pas encore que certains d'entre eux deviendront des « collègues » !

Toutefois, ma fidélité à ces nouvelles voix n'est pas sans faille, car le nouvel objet de ma curiosité, qui occupera la majeure partie de ma vie professionnelle, sans que je le sache encore, c'est cet énorme cube en bois posé sur une non moins énorme table à roulettes qui lui permet de se balader d'une pièce à l'autre : la télévision !

Ces postes sont exposés dans différents magasins de quartier, notamment celui qui est mitoyen de la boulangerie où je suis envoyé acheter le pain. Ma mère me demande toujours pourquoi je mets autant de temps pour rapporter nos deux baguettes quotidiennes. La raison est pourtant simple : moi qui ne suis pas un adepte du lèche-vitrine, je reste collé devant celle du magasin de télévisions. Il y en a une bonne dizaine, sur des tables à différentes hauteurs, allumées sur l'unique chaîne noir et blanc. Je n'entends pas les voix, mais je découvre des visages et toutes sortes d'images.

Même si, techniquement, ces télévisions existent depuis au moins deux décennies, même si le couronnement de la reine Elizabeth II, premier grand direct retransmis en Eurovision, a eu lieu en 1953, les programmes alors proposés ne sont que des ébauches de ceux qui seront créés par la suite. Pourtant, déjà, ils me passionnent !

Comme tous les enfants de l'époque, je ne verrai que le premier quart d'heure du film du dimanche soir (mon père y veillera, hélas, scrupuleusement !). J'attendrai le retour de *Zorro* avec Guy Williams (celui-là même qui est encore aujourd'hui périodiquement rediffusé !), un jeudi sur deux vers 17 heures. Je découvrirai la philatélie avec Jacqueline Caurat, la cuisine avec Catherine Langeais et Raymond Oliver. Je suivrai les « Histoires sans paroles », la « Séquence du spectateur » ou encore le petit train d'« Interlude », et leurs inoubliables génériques. Sans oublier les variétés, bien sûr, mais aussi les feuilletons, les quotidiens tels *Janique Aimée*, *Seule à Paris*, *Rocambole* ou *Le Temps des copains*, mais aussi, et peut-être plus encore, les hebdomadaires : *Au nom de la loi* (avec Steve McQueen), *Thierry la Fronde*, *Mannix*, *Belle et Sébastien*, *Belphégor*, *Vidocq*, *Rintintin*, et tant d'autres.

La simple évocation de ces rendez-vous d'antan suffit encore aujourd'hui à me mettre en joie.

Notre premier poste de télévision, de marque Arphone, est en bois vernis clair assorti à une très imposante table à roulettes qui sert à le balader. Grâce à un interminable fil d'antenne, nous passons de la cuisine à la salle à manger (où, curieusement, aucun repas n'est jamais pris, sauf les soirs de fête comme en ce Noël 1965), ou, plus rarement, à la chambre de mes parents.

Malheureusement, aussi long soit-il, ce fil ne l'est pas assez pour me permettre de regarder la télé dans ma chambre, surnommée « la chambre du fond » car située au bout d'un couloir qui, enfant, me semblait interminable. Souvent, lorsque je suppute que la petite famille est endormie, notamment mes parents, je me relève et rampe en pyjama jusqu'à la cuisine, rallume le poste « encore chaud », et me cache sous la grande table tout juste débarrassée, en ayant pris soin, afin de peaufiner ma cachette, de tirer au mieux la toile cirée qui la recouvre.

C'est mon rituel du lundi soir, quand vers 23 heures je retrouve en secret mon héros préféré, l'Eliot Ness (interprété par Robert Stacke) des *Incorruptibles* ! Heureusement, mon père, qui doit se lever à l'aube, dort déjà à poings fermés. Quant à ma mère, si d'aventure elle apparaît dans la cuisine pour se servir un verre d'eau, elle a la gentillesse et la finesse de ne jamais me voir, tout comme je feins de ne pas entendre son :

— Tu n'oublieras pas d'éteindre !

Mes parents recevaient peu. Il est vrai que notre appartement modeste du boulevard Ney ne s'y prêtait guère, mais quand ils le faisaient, c'était toujours avec une grande générosité.

Cette soirée du 24 décembre 1965 est l'occasion de réunir une partie de ma famille maternelle, oncles et tantes qui n'auront curieusement jamais d'enfants et qui me considèrent donc comme le leur. Une aubaine pour moi, qui vois le Père Noël passer trois fois au lieu d'une.

Mimi, sœur aînée de maman, arrivait toujours la première, les bras chargés de petits cadeaux, prétextant que des paquets étaient tombés du traîneau surchargé de l'homme venu du froid et que, n'ayant pu le prévenir, elle préférait nous en faire profiter. Marcel, son mari, semblait toujours moins concerné, s'attardant longuement sur le fait qu'il avait eu beaucoup de mal pour trouver une place de stationnement. Il fallait que Mimi, véritable « patronne » du couple, lui intime avec humour de « changer de disque » pour qu'il entre vraiment dans la soirée.

Jeannot suivait généralement de près. C'était l'un de mes oncles, mais surtout mon parrain. Avec sa femme Lucienne, ils habitaient le même immeuble, mais au premier étage, ce qui ajoutait à notre proximité et à notre relation privilégiée.

Demain, au réveil, comme chaque année, je descendrai donc l'escalier quatre à quatre pour découvrir le petit supplément que le Père Noël n'aura pas manqué de déposer devant leur minuscule cheminée. Il y aura sûrement certains des cadeaux qui figuraient dans ma lettre et qui, curieusement, n'étaient pas au pied du sapin de notre appartement. Il y en aura éventuellement d'autres, tout à fait inattendus, mais tout aussi réjouissants.

Guy, enfin, le frère cadet de passage à Paris, est exceptionnellement présent cette année-là. Guy a l'habitude de faire des arrêts éclair dans la capitale. Capitaine à l'époque, il finira colonel d'active, puis général en retraite de l'armée de terre. Il va et court au gré de ses différentes affectations sur notre territoire, bien sûr, mais aussi à l'étranger, principalement en Allemagne et aux États-Unis. L'Amérique, comme l'on dit encore souvent à l'époque et qui nous paraît tellement lointaine, il la connaît bien. C'est celle du président Johnson qui vient de succéder à John Fitzgerald Kennedy, dont l'assassinat suscite encore tant d'interrogations. Celle de ce début des années 1960, de cette interminable guerre froide qui l'oppose à l'URSS, celle où la ségrégation raciale est encore légale dans la plupart des États du Sud, mais aussi celle où la jeunesse vibre en écoutant Bob Dylan, en découvrant les Beatles qui entament une première tournée triomphale en 1964, celle des grosses berlines et des décapotables, des tenues provocantes, des grandes surfaces, et des biens de consommation à outrance.

Ces derniers inspireront d'ailleurs le célèbre producteur de télévision Bob Stewart qui, très habilement, en fera un concept de jeu appelé à s'installer dans la durée : « The Price Is Right », autrement dit « Le Juste Prix », une marque très forte qui sera bien plus tard un jalon important de ma carrière télévisuelle.

C'est pour toutes ces raisons que j'aime échanger, parler avec Guy. Son regard éclairé sur un monde dont il a une connaissance et une vision bien plus approfondie que nos autres convives excite ma curiosité.

À mon âge, je ne comprends pas encore tout. Des pans entiers de conversation m'échappent. D'ailleurs, ce soir-là, son auditoire se concentre afin de lui donner une réplique acceptable, car non seulement son phrasé et ses facilités d'élocution impressionnent, mais, de plus, la politique est vraiment son truc. Sous couvert d'être tenu au secret défense, mais aussi et sûrement parce qu'il s'en amuse un peu, il laisse volontairement certaines phrases en suspens, suscitant autant d'interprétations à ses propos qu'il y a de convives autour de la table.

Comme dans toutes les familles, ce type de conversation est loin de constituer un vecteur de rassemblement. Le plus souvent, au contraire, elle divise ! Car s'il semble détenir plus de connaissances, les autres ont du caractère, du bon sens et ne se privent pas de le faire savoir ! L'occasion pour certains de « balancer » malicieusement quelques petites piques, relevées (ou non) avec plus ou moins d'humour. La réussite sociale des uns et des autres étant inégale, les points de vue diffèrent le plus souvent en fonction des intérêts de chacun, les positions politiques également. Les uns et les autres développent leurs arguments respectifs sans retenue. Heureusement, toute velléité d'affrontement est rapidement étouffée par la maîtresse de maison : Louise, ma grand-mère maternelle.

Le lendemain midi, s'il n'y a pas de restes pour le déjeuner de Noël, le débriefing de la soirée est quant à lui au centre des discussions, d'autant plus aisément que Guy est déjà reparti vers d'autres missions. Certains, qui étaient d'accord la veille, nuancent désormais leurs points de vue. D'autres ont carrément changé d'avis, relançant ainsi les échanges…

Au cours des années suivantes, mon oncle et moi nous retrouverons, souvent de façon fugitive, aux terrasses de cafés près de l'École militaire, à Paris, pour parler de mes études, de mon avenir, mais également du sien.

Si nous sommes souvent d'accord, il y a néanmoins une ombre au tableau : mon service militaire ! Même si j'ai beaucoup d'estime pour lui, nous avons au moins ce point de divergence.

Vieux albums

Il y a des livres un peu partout autour du sapin. Ils abordent des sujets très différents. Le plus grand est également le plus lourd, il traite de la Mésopotamie.

Je le feuillette hâtivement. Les images et les reproductions qui occupent presque les deux tiers de chaque page sont superbes. C'est une région du Moyen-Orient magnifique, berceau du monde moderne situé dans le Croissant fertile entre le Tigre et l'Euphrate. On ne remerciera jamais assez les Mésopotamiens, lorsqu'on est, comme moi aujourd'hui, face à la page blanche, d'avoir été, selon la plupart des historiens et des archéologues, à l'origine de l'écriture, arme sans égale pour faire passer les idées, les sentiments, les émotions.

*

J'ai toujours été passionné par l'histoire et la géographie, ce que devait savoir le Père Noël, car je n'avais pas expressément commandé ce livre. Cependant, il tombait bien, car la Mésopotamie figurait justement au programme de notre année scolaire. Je ne puis m'empêcher de repenser à ce très beau livre, qui n'est malheureusement plus en ma possession, lorsqu'aux infos la Syrie, la Turquie et l'Irak ensanglantés font, hélas, encore les gros titres.

Dans un genre plus humoristique, mais toujours en rapport avec l'Histoire, le tout nouvel album d'Astérix venait juste de sortir : *Astérix et Cléopâtre*. Depuis 1961, je les avais tous lus. Celui-ci était le sixième de la collection. J'épatais tous mes copains de l'école car je les obtenais, grâce à mon père, avant qu'ils ne sortent en librairie. Avec, toutefois, une différence de taille : ils n'étaient pas encore reliés et n'étaient donc pas revêtus de leur fameuse couverture cartonnée, car le collègue de mon père qui les lui donnait en avant-première n'imprimait que les pages intérieures. Ces exemplaires introuvables vaudraient sans doute une petite fortune aujourd'hui. *Astérix et Cléopâtre* était donc le premier album complet de ma collection.

Comme la plupart des ados de mon âge, outre les aventures du petit Gaulois le plus célèbre de France, j'étais un fidèle de Lucky Luke et de Tintin. Ce trio phare de la bande dessinée constituait de loin mon tiercé favori et le reste aujourd'hui, car je n'ai ensuite jamais véritablement accroché aux BD pour adultes.

Chaque jeudi matin, jour de repos des écoliers, était consacré à la lecture de *Pilote*, premier journal auquel j'ai été abonné dès la première heure. J'étais accro à *Tanguy et Laverdure* (de Charlier et Uderzo), au *Grand Duduche* (de Cabu), à *Blueberry* (de Charlier et Giraud), ainsi qu'aux *Dingodossiers* (Gotlib avec Goscinny) et à la *Rubrique-à-brac* de Gotlib. *Pilote* m'arrivait par la poste, plié en trois dans le sens de la longueur. C'est ainsi que j'attendais chaque semaine avec fébrilité la suite des aventures de mes personnages favoris, sous forme de feuilleton. Après l'avoir décortiqué, je rangeais le dernier numéro reçu sur le haut de la pile, qui ne cessait de grandir.

Indépendamment de ces bandes dessinées, mes héros se prénommaient François, Annie, Mick et Claude, la cheffe de bande, un garçon manqué, qui formaient avec leur chien Dagobert le « Club des cinq ». Cette série d'aventure pour jeunes adolescents était le fruit de l'imagination de l'autrice britannique Enid Blyton. Ces quatre ados en quête d'émotions fortes étaient âgés d'une douzaine d'années, comme moi, ce qui me permettait de m'identifier à eux. Leurs aventures rocambolesques me tenaient en haleine plusieurs jours durant.

Deux volumes de la « Série rose » faisaient également partie de mes cadeaux : *Le Club des Cinq va camper* et *Le Club des Cinq au bord de la mer*, ce dernier écrit l'année de ma naissance. J'ai toujours en ma possession l'intégralité de l'édition originale de cette série et ne m'en séparerais pour rien au monde.

Restait ce qui, par la forme, ressemblait à un dernier ouvrage.

Le papier cadeau, différent des autres livres, laissait supposer que le Père Noël ne se l'était pas procuré au même endroit que les précédents. Il ne s'agissait pas vraiment d'une encyclopédie, mais d'un ouvrage très complet sur le cinéma américain d'après-guerre, dont les représentants les plus prestigieux avaient droit d'une à quatre pages de présentation.

J'y retrouvai pêle-mêle les John Wayne, James Stewart ou autre Gary Cooper qui faisaient encore les beaux jours des westerns, mais aussi les vedettes d'un autre genre que j'affectionnais tout autant : la comédie musicale où brillaient Fred Astaire, Ginger Rogers ou Gene Kelly, pour ne citer que les plus connus.

Si je lisais beaucoup, ma préférence allait sans conteste au septième art. Aller au cinéma était à chaque fois un petit événement. Les courtes intrigues policières en noir et blanc qui débutaient le programme étaient de véritables régals et constituaient, avec les actualités et publicités qui suivaient, une vraie première partie dont l'entracte sonnait la fin.

Ce laps de temps était traditionnellement consacré aux friandises. L'Esquimau tenait bien sûr une place de choix, avec ou sans enrobage chocolat, cela dépendait de l'état de nos finances. Mes potes et moi étions très solidaires les uns des autres et faisions le plus souvent bourse commune afin de tous goûter aux mêmes plaisirs. Ce moment gourmand devait impérativement faire partie de nos séances, sous peine de gâcher un peu notre plaisir.

Néanmoins, l'instant qui nous enthousiasmait le plus était celui où l'opérateur shuntait lentement la lumière de la salle jusqu'au noir complet. Ce dernier, qui durait souvent de longues secondes avant que l'écran ne s'illumine à nouveau, était pour nous une sorte de sas entre notre réalité quotidienne et un monde virtuel dans lequel nous étions prêts à plonger avec une énergie débordante.

Tour, fraiseuse ou étau-limeur ?

Nous sommes au début des années 1970 et, bien que « littéraire », je me retrouve en seconde au lycée Vauban, un établissement technique à Courbevoie, dans les Hauts-de-Seine, pour y préparer un bac E, maths et dessin industriel. L'Éducation nationale n'a eu de cesse durant cette période de persuader nos parents que, les filières littéraires étant bouchées, il fallait « faire Ponts et Chaussées ». Me voilà donc parti dans une branche qui ne me correspond pas du tout, sans comprendre, au demeurant, ce que recouvrent exactement les mots « Ponts et Chaussées ».

Si je tiens la route en mathématiques, je suis en revanche réfractaire au dessin industriel. N'étant absolument pas manuel, ma rencontre avec les étaux-limeurs, tours et autres fraiseuses a tout d'une scène de science-fiction.

J'admire ceux qui dominent les machines. Non seulement je les respecte, mais je les envie. Mon père entre d'ailleurs dans cette catégorie ; d'une ancienne machine à coudre, il est capable de faire un barbecue, de tubes de récupération une balancelle, d'un cerclage d'ancienne roue de charrette associée à un vieux tronc d'arbre, une magnifique table de jardin…

Je l'ai vu également, sous sa casquette professionnelle, attelé à différentes presses à imprimer, notamment la fameuse Heidelberg Cylinder, capable de sortir trois à quatre mille feuilles à l'heure.

Je n'ai pas ce talent et, après avoir tenté tant bien que mal de donner le change de la seconde à la terminale, ne devant mes passages en classe supérieure qu'aux bonnes notes obtenues en français, philosophie et langues, soit dans les matières dites secondaires en section technique, l'élaboration d'une queue-d'aronde à l'aide d'un étau-limeur le jour de l'examen aura finalement raison de mon bac E.

Je tiens cependant à souligner que la chance, qui a souvent été de mon côté, m'a lâchement abandonné le jour de l'examen. C'est en effet un tirage au sort qui déterminait la machine sur laquelle se déroulerait cette épreuve de quatre heures : tour, fraiseuse ou étau-limeur. Une chance sur trois de tomber sur l'une d'entre elles. Si j'avais plutôt bien réussi à apprivoiser les deux premières, la troisième m'était restée totalement étrangère. J'en avais été exempté en seconde pour cause de bras cassé, en première pour cause de grève générale, en terminale, enfin, pour cause de troisième trimestre écourté !

Et c'est bien entendu ce fameux étau-limeur que ce satané tirage au sort m'octroya le jour J ! Malgré mes efforts et ma bonne volonté, et nonobstant le fait d'avoir sérieusement endommagé la machine, le résultat obtenu ne ressemblait en rien à une queue-d'aronde, mais s'approchait très vaguement des montres molles de Salvador Dalí ! Sans, hélas, en valoir le prix, mais en me disqualifiant cette année-là. D'autant que j'étais tombé, comble de malchance, sur un examinateur « puriste » qu'aucun argument, fût-il de la plus grande mauvaise foi, n'aurait pu inciter à m'accorder une deuxième chance…

Grenadier-voltigeur Risoli !

Heureusement, mon oncle Guy pensait détenir la solution : faire mon service militaire après avoir passé le concours des élèves officiers de réserve (EOR), puis demander l'Allemagne dans la caserne placée sous son commandement. Ainsi, je pourrais réviser et passer le bac qui me correspondait réellement, A4 « philosophie/lettres », et faire, en quelque sorte, d'une pierre deux coups.

Je remplis donc mon dossier, sans enthousiasme, et l'envoyai au service concerné, avec le sentiment étrange de nager à contre-courant. Quelques mois auparavant, en février 1973, ne faisais-je pas partie des milliers de lycéens manifestant vigoureusement dans la rue contre la loi Debré, du nom du ministre de la Défense nationale qui prévoyait l'abrogation pure et simple des sursis militaires pour études au-delà de vingt et un ans ? Ne faisais-je pas partie de ceux qui s'étaient cassé la voix, en ce début avril, en hurlant des slogans antimilitaristes : « Sursis ou pas, on partira pas ! Les sursis on s'en fout, on veut plus d'armée du tout ! »

Pour une raison quelque peu différente – l'instauration du Deug (Diplôme d'études universitaires générales), sanctionnant le premier cycle d'études –, les étudiants avaient fini par se joindre à nous. L'occasion de découvrir le très long boulevard Saint-Germain et toutes les petites rues avoisinantes, de l'Assemblée nationale au quai Saint-Bernard, face à l'île Saint-Louis, soit plus de trois kilomètres. Nous manifestons dans un sens puis dans l'autre, au gré des charges de CRS, parfois dans d'interminables cortèges très organisés, très disciplinés, parfois emportés par des mouvements de panique dus à une pression plus forte des forces de l'ordre, dans une pagaille générale. J'avais, je le confesse, profité de la situation pour expliquer à une amie de mon âge, qui n'était pas ma petite amie, mais qui me plaisait bien et qui m'accompagnait, qu'en cas de danger immédiat le mieux était de nous blottir l'un contre l'autre le long d'un mur et de rester enlacés en nous embrassant, le temps de la charge. Car, avais-je ajouté avec une indéniable mauvaise foi, j'avais entendu dire que les CRS ne matraquaient jamais les amoureux !

Le plus épatant, c'est que, contre toute attente, ma théorie, fruit de mon imagination, s'était révélée payante ! Pas la moindre égratignure, alors même que les forces de l'ordre étaient au plus près. Le champ de bataille s'était déplacé depuis un moment déjà, et nous nous embrassions toujours !

Hormis cette très agréable parenthèse, la tension ne retombait pas. Le climat général ne s'y prêtait d'ailleurs pas.

Maxime Le Forestier chantait « Parachutiste », un pamphlet antimilitariste suscitant la polémique, mais aussi l'adhésion de la jeunesse. De son côté, Colette Magny, autrice-compositrice-interprète rebelle et engagée, y allait de son lancinant « Répression, répression ».

Finalement, Michel Debré devra céder sa place à Robert Galley au ministère des Armées. Néanmoins, la loi portant son nom sera maintenue, ne souffrant que quelques aménagements.

Ce printemps 1973 aura été le Mai 68 de ma génération.

Mais déjà, l'été se profilait et les seuls départs envisageables en tant qu'élève officier, compte tenu de mon inscription tardive, ne pouvaient être effectifs avant décembre 1973 ou février 1974, avec pour conséquence de me faire manquer la rentrée universitaire de l'année suivante.

Je décidai donc de renoncer à cette option, sans imaginer qu'une erreur de l'administration aboutirait à mon affectation au 60e régiment d'infanterie basé à Lons-le-Saunier, dans le Jura…

C'est ainsi que, le 2 octobre 1973, je me retrouvai 2e classe grenadier-voltigeur, 1re compagnie, 2e section de combat, à la caserne Bouffez, avant de rejoindre après deux mois de classes la caserne Michel, située au centre-ville.

Si les noms des deux colonels qui se succédèrent à la tête de notre régiment le temps de mon incorporation pouvaient éventuellement laisser entrevoir un zeste de second degré – Roth Le Gentil puis Ollé-Laprune –, la réalité fut tout autre. L'humour éventuel et l'esprit de contradiction avaient tout intérêt à rester bien au fond du minuscule placard où j'avais déjà eu du mal à faire tenir le contenu de ma valise. Dès le premier matin, un aspirant lieutenant nous avait d'ailleurs dévoilé la philosophie du lieu en hurlant, face à ce qui n'était qu'une bande de jeunes mecs déboussolés au garde-à-vous très approximatif :

— Article premier : le chef a toujours raison !

Il marqua ensuite un long silence, sans doute pour nous laisser digérer cette information capitale, puis enchaîna, sans doute en quête d'un effet savamment répété :

— Article 2 : en cas de désaccord avec le chef, relisez l'article 1.

Le ton était donné.

Il ne me fallut pas longtemps pour comprendre que l'année à venir serait un temps fort de ma vie de jeune adulte. Je devais expressément oublier tous les codes qui jusqu'alors avaient été les miens et m'adapter rapidement aux nouvelles règles, les assimiler et les mémoriser ne fût-ce que pour les contourner de temps en temps avec subtilité, en évitant la case prison. En cas de transgression un peu trop visible, la sanction avait en effet pour nom le « gnouf », ou encore le « trou », un minimum de huit jours : une sorte de temps mort qu'il faudrait bien entendu rattraper avant d'être libéré.

Les parcours du combattant très soutenus qui nous avaient paru si épuisants les premières semaines n'étaient qu'un échantillon à peine représentatif de ce qui allait suivre : les stages commandos qui se succéderaient à un rythme effréné. Les tyroliennes, asperges et autres ponts de singe que les militaires de carrière connaissent bien n'auraient rapidement plus aucun secret pour nous. Autant d'exercices quotidiens souvent effectués sous la pluie, dans la boue, parfois même dans la neige, d'abord aux Rousses, près de la frontière suisse, qui n'avaient pas pour nous l'aspect de la station familiale de sports d'hiver qu'on lui connaît aujourd'hui, puis au Valdahon, dans le Doubs, l'une des régions les plus froides de France. Nous étions manifestement là « pour en chier », donc « on en chiait » !

De surcroît, les longues marches suivies d'interminables gardes en extérieur avaient fini par avoir raison de mon statut de non-fumeur.

Si j'avais pris au début l'habitude d'offrir à mes camarades les cartouches de Gauloises bleues que l'on ne manquait pas de nous distribuer généreusement, j'avais fini par en « griller une » une nuit, vers 3 heures du matin, pour tenter de me réchauffer.

Bien sûr, j'avais déjà tenté l'expérience avec quelques copains de collège, dans la Zone de mon enfance. Prétextant que nous venions pour le compte de nos parents, nous nous procurions, moyennant vingt centimes, des petits paquets bleus de quatre cigarettes élaborées avec toutes sortes de rebuts de tabac très ordinaire – on les appelait les P4, avec un « P » comme « parisienne », me semble-t-il…

Le buraliste n'était pas dupe, la qualité n'était pas au rendez-vous, mais le plaisir, oui ! Nous toussions tellement que nous avions finalement mis fin à l'expérience, heureux, néanmoins, d'avoir bravé l'interdit.

En revanche, sous les drapeaux, j'ai, hélas, fini par y prendre goût, un peu comme nos héros de l'époque que l'on n'osait difficilement imaginer sans « la clope au bec ». Le cancer dû au tabac, personne n'en faisait état. Mieux, les cigarettes, on nous les offrait ! Et puis, après tout, on est jeune, on a vingt ans, toute la vie devant nous, alors le reste, on s'en fout !

Je ne cesserai définitivement de fumer que l'année de mes cinquante ans.

Si nos journées sont interminables, nos nuits le sont aussi. Nous manquons de sommeil, sommes en permanence sous pression. La plupart d'entre nous, avouons-le, manquent également de présence féminine. Certains ont l'agressivité à fleur de peau. Notre section a tout d'un creuset où l'on trouve pêle-mêle des gens venus d'horizons si différents qu'ils n'auraient dans d'autres circonstances jamais eu l'occasion de se fréquenter sur une aussi longue durée. Certains y ont vu une chance de découvrir la société du moment et l'ont pris comme un enrichissement intellectuel ; d'autres, au contraire, n'auront jamais réussi à s'adapter à de tels écarts de comportement, d'éducation ou plus simplement de milieu social.

Une nuit, pourtant, nous a tous réunis : celle du 2 avril 1974. Aux alentours de 23 heures, nous rentrons d'un stage commando au Valdahon, exténués et affamés. Nous avons consommé l'intégralité de nos rations, pourtant peu appétissantes, depuis de nombreuses heures déjà. Tous recouverts d'une boue collante et humide, nos visages grimés en guise de camouflage, nous n'aspirons qu'à quelques heures de repos. Dormir, dormir enfin dans un vrai lit, même si, dans cette caserne de fortune, ce n'est pas la nôtre, même si nous savons qu'auparavant il nous aura fallu démonter, nettoyer à fond, puis remonter notre fusil semi-automatique, le célèbre MAS 49/56, afin d'échapper à l'inévitable sanction en cas de contrôle surprise.

C'est d'ailleurs à cela que nous avons cru en voyant se profiler l'imposante silhouette de notre adjudant-chef dans l'embrasure.

Mais l'instant est, en réalité, bien plus grave.

— Garde-à-vous ! Hurle, comme le veut la coutume, notre chef de chambrée.

Le sous-officier, homme au visage déjà peu engageant, assombrit encore son regard pour nous annoncer d'un ton grave :

— Messieurs, nous venons d'apprendre le décès de notre président de la République, chef des armées, M. Georges Pompidou. Après quelques mots de notre capitaine dans la cour, nous lui rendrons hommage, en veillant face à notre drapeau tricolore !

Même si nous savions notre président malade, nous n'imaginions pas une fin aussi rapide et la surprise est totale. Non, ce n'est pas un poisson d'avril de mauvais goût. Le mini-transistor, qui ne me quitte presque jamais, distille déjà la voix des journalistes et intervenants politiques de tous bords, apportant leurs témoignages sur cet événement.

Quant à nous, nous allons rester debout toute une nuit, dehors, frigorifiés, pour un hommage improvisé. Un cauchemar !

Dans de telles conditions, inutile de préciser que toute révision du bac fut impossible et que je ne me présentai même pas à l'examen cette année-là.

Avec le recul, je garde, malgré tout, plutôt un bon souvenir de ce service militaire. Récemment, un ancien camarade de mon contingent m'a contacté *via* les réseaux sociaux et m'a rappelé non sans humour nos « escapades nocturnes » interdites, nos départs précipités en fausse permission, les combines insensées que nous imaginions pour obtenir un supplément de nourriture ou une exemption de garde de nuit.

Nous aurons au moins appris à nous débrouiller par nous-mêmes, à bien choisir nos amis, à nous entraider, à partager, à avancer en équipe, mais aussi, plus malicieusement, à repousser habilement les avances d'un supérieur un peu trop pressant…

Dans de telles conditions de vie, l'amitié se manifeste parfois là où l'on ne l'attend pas. Ce fut le cas avec Michel H.

Venu des Mureaux, petite ville d'Île-de-France, à une quarantaine de kilomètres à l'ouest de Paris, Michel, sans diplôme, sans emploi, sans formation particulière, ayant déjà séjourné quelque temps en prison pour de menus larcins, avait vu comme une aubaine son incorporation en octobre 1973. Par le plus grand des hasards, nous nous étions retrouvés voisins de chambrée, son lit étant situé très précisément en face du mien.

Michel était très baraqué, comme on dit, une véritable montagne de muscles, le dos et les bras recouverts de tatouages très approximatifs, excepté peut-être une tête d'aigle bleutée sur l'épaule droite. Chaque première phalange de ses doigts était tatouée de petits points, façon « LOVE/HATE » sur les doigts de Robert Mitchum dans l'angoissante *Nuit du chasseur* de Charles Laughton. Ajoutons à ce rapide portrait de tout petits yeux dont le regard perçant surplombait des joues de poupon recouvertes de boutons d'acné tardive : oui, Michel faisait peur, très peur, et il s'en amusait !

Son unique centre d'intérêt, c'était la boxe, qu'il avait sans doute pratiquée dans différents petits clubs de banlieue, mais aussi durant ses périodes de privation de liberté. Non seulement les coups ne l'impressionnaient pas, mais il semblait souvent « en manque ». Tel un junkie attendant sa dose quotidienne, il espérait l'adversaire, répétant en boucle à qui voulait l'entendre que la force du gaucher naturel qu'il était, c'était de frapper au foie ! Aussi, dès son lever, vers 5 heures du matin, il cognait dans le vide tout en sautillant. Des petits coups rapides et efficaces, enchaînant pêle-mêle uppercuts, directs du droit et crochets du gauche... le plus souvent vers un *sparring-partner* imaginaire, sauf si vous aviez la malchance de croiser son regard, auquel cas, instantanément, son adversaire, c'était vous !

Résigné, dans un premier temps, à voir passer les poings de Michel à quelques centimètres de mon menton, de mes yeux, de mon nez, je ne parvenais pas à trouver la parade. Impossible de le contrer physiquement, les inconscients qui s'y étaient risqués l'avaient aussitôt regretté ! Le terrain de l'humour lui étant par ailleurs totalement étranger, que pouvais-je faire ? La solution finit pourtant par se présenter fortuitement d'elle-même.

Quelques semaines à peine avant son incorporation, Michel était, contre toute attente, tombé follement amoureux d'une jeune fille prénommée Isabelle. La passion, renforcée par l'absence de sa bien-aimée restée vivre en région parisienne, expliquait sans doute sa nervosité permanente. Sans téléphone à disposition à l'intérieur de la caserne, la seule façon de communiquer avec elle restait donc le courrier. Or, si notre homme était des plus habiles pour frapper dans le vide, ses mains étaient moins expérimentées pour tenir un stylo. Disons-le tout net : il ne savait pas écrire. C'est là que j'intervins, lui proposant un échange de compétences. Je lui écrirais toutes ses lettres d'amour, lui, arrêterait non seulement de gesticuler en face de moi, mais, de surcroît, deviendrait en retour une sorte de *bodyguard* attaché à ma personne ! J'ajoutai que j'étais prêt à partager équitablement le contenu des colis que ne manquaient pas de m'envoyer mes parents contre une tasse de café qu'il m'aurait préparé après m'avoir réveillé, étant plus matinal que moi.

Une légende, datant de la Première Guerre mondiale, ayant résisté à l'usure du temps, refaisait surface sous forme de rumeur selon laquelle du bromure était incorporé à l'infâme breuvage que l'on nous servait chaque matin. Consommer notre propre café nous évitait tout contact avec cet anaphrodisiaque. Vrai ou faux, nous ne l'avons jamais su, mais quand on a vingt ans, mieux vaut jouer la sécurité sur ce plan-là.

Notre pacte, une fois scellé, ne manqua pas de susciter quelques jalousies de la part de nos camarades ; mais, chacun de nous deux y trouvant son compte, il perdura jusqu'à notre libération.

J'avoue avoir sans doute profité un peu de la situation, mais c'est à cette époque que j'ai écrit mes plus belles lettres d'amour à une jeune femme, qu'en l'occurrence j'ai fini par avoir l'impression de connaître, voire d'aimer un peu à mon tour, sans jamais l'avoir rencontrée ! Michel et moi ne venions-nous pas, sans le savoir, de découvrir le principe même des sites de rencontre qui font aujourd'hui le bonheur des célibataires, voire de certains qui, parfois, ne le sont pas tout à fait ?

Autant de péripéties, d'émotions, d'expériences acquises cette année-là qui, peut-être, m'auront permis d'affronter plus facilement la vie active.

Quant à mon bac philo-lettres qui avait entraîné mon incorporation, mais que je n'avais pu réviser dans de telles conditions, je l'ai obtenu en candidat libre, l'année suivante, m'ouvrant ainsi les portes de la faculté.

« Ma foi ! sur l'avenir... »

Ce réveillon de 1965 ne réunissait que des membres de ma famille maternelle, contrairement aux festivités du Nouvel An qui, elles, avaient lieu dans le XVIIe arrondissement de Paris, avenue de Clichy, où vivaient désormais mes grands-parents Risoli : Philomène et Angelo.

Invariablement, le déjeuner du 1er Janvier était composé des fameux raviolis élaborés un par un par ma grand-mère qui refusait obstinément de livrer ses secrets de fabrication. Agrémenté d'un subtil bouillon de poule, ils étaient absolument délicieux. De la polenta, des foies et gésiers en crépinette, et de la *pastaciutta* à la tomate et aux cèpes complétaient chaque année notre repas. Le minestrone maison, dans lequel mon grand-père ne manquait jamais de verser un verre de vin, n'était quant à lui servi qu'au dîner. Chianti, valpolicella et champagne pour les adultes. Une petite goutte d'*asti spumante* pour les ados, sans oublier le gros grain ovale de raisin blanc, tradition italienne en fin de repas pour avoir bonheur et santé tout au long de l'année à venir.

Entre déjeuner et dîner, un jeu de cartes occupait le plus souvent les adultes, notamment les hommes qui misaient quelques centaines d'anciens francs aux « petits paquets ». À mi-chemin entre poker et bataille, je n'ai jamais vraiment compris avec précision les règles de ce jeu qui, de toute façon, m'était interdit. Les pertes et les gains étaient certes minimes, mais suffisants pour doper les réactions de joie ou les très fugitives déceptions.

Les enfants n'étant pas conviés à la table de jeu, je me rabattais sur la lecture, autant pour me donner bonne conscience que parce que cela semblait rassurer mes parents. J'emportais donc toujours avec moi un grand classique à lire pour la rentrée de janvier : *Le Cid* ou *Eugénie Grandet* une année, *La Peste* d'Albert Camus, une autre fois, mais toujours, sans raison particulière et sans que jamais personne ne s'en soit jamais rendu compte, un exemplaire des *Plaideurs*, lauréat incontestable de ces ouvrages indispensables que je n'ouvrais pour ainsi dire jamais, sinon pour en relire furtivement les trois premières pages. C'était précisément le cas du tout début de ces *Plaideurs* de Jean Racine et de ce long monologue que j'ai fini, d'un Nouvel An à l'autre, par connaître par cœur. À tel point que je le maîtrise encore parfaitement. Acte I, scène I : Petit Jean, sur la place du village, « traînant un gros sac de procès » :

Ma foi ! sur l'avenir bien fou qui se fiera…

Un régal d'une grande modernité. Mais je dois reconnaître qu'à cette époque, j'étais bien plus occupé à réfléchir à la mise en place de quelques nouvelles bêtises avec mon cousin, Patrice. Notre imagination trop fertile nous valait chaque année nombre de réprimandes dans le meilleur des cas, mais parfois aussi une bonne gifle, la fameuse « beigne du 1er Janvier », la toute première de l'année, lorsqu'aux dires de mon père ou de mon oncle, nous avions « poussé le bouchon un peu trop loin ». Notre seul et unique recours : les femmes ! Ma mère, mes tantes, mes grands-mères étaient toujours là pour nous porter secours, opposant fermement au fameux bouchon poussé un peu trop loin l'imparable :

— Il faut bien qu'ils s'amusent un peu !

Devenus ados, c'est à la fête foraine du boulevard de Clichy que nous passerons l'après-midi : tir à la carabine pour tenter de gagner un inutile et encombrant nounours, autos tamponneuses et autres trains fantômes, sans manquer au passage de nous faire prédire l'avenir par une de ces voyantes automatiques en ferraille clinquante, et aux yeux rouges ou verts clignotants, qui fleurissaient aux coins de chaque baraquement. Il suffisait, après s'être acquitté d'une somme modique, de placer sa main au creux de celle tendue par « Madame Irma ». Celle-ci, munie de petits pics inoffensifs en métal doré sur lesquels il fallait appuyer de façon modérée, était censée décrypter les lignes de votre paume afin de vous livrer toutes les informations relatives à votre avenir en général, à vos amours en particulier. Alors commençait l'angoissante attente qui pouvait se prolonger au-delà de la minute. Aurions-nous, oui ou non, les faveurs de la fille qui faisait chavirer nos cœurs (car c'est au fond la seule question qui nous intéressait vraiment) ?

Bien sûr que ces prédictions écrites en quelques mots sur un petit ticket étaient complètement loufoques, bien sûr qu'elles étaient sans fondement... Je vous assure que ce n'était qu'un jeu comme un autre et que l'on n'y croyait pas… ou alors juste un tout petit peu !

Cet épisode m'inspirera d'ailleurs bien plus tard l'une des chansons de mon premier CD : « Rosita ».

« Mémère, réveille-toi, il est l'heure d'aller te coucher ! »

Certains membres de ma famille paternelle affirment que ma grand-mère Risoli, née Ratti, originaire de Lombardie, était une cousine éloignée de l'archevêque de Milan Damiano Achille Ratti, qui deviendra pape de l'Église catholique durant l'entre-deux-guerres, prenant la tiare sous le nom de Pie XI. Confronté à la montée du fascisme d'abord, du nazisme ensuite, il aura lutté pour une pacification durable des esprits. Est-ce pour cela que j'aime à croire que ce lien de parenté était réel ? Qui sait… Elle ne m'en a jamais parlé, mais je n'exclus pas d'entamer un jour prochain de sérieuses recherches pour en avoir le cœur net.

Mes deux grands-mères avaient un profond respect l'une pour l'autre, même si elles ne se rencontraient que pour les grandes occasions : baptêmes, mariages, parfois le Nouvel An. L'une parlait en breton, l'autre en italien, mais elles finissaient toujours par se comprendre, ce qui me laissait perplexe ! Si j'aimais beaucoup ma grand-mère paternelle, je la voyais peu, ce qui explique peut-être que j'étais bien plus proche de Louise, ma grand-mère maternelle bretonne, car non seulement nous vivions ensemble, mais nous partagions la même chambre. Lorsqu'elle venait se coucher, bien après moi, le rituel était invariable. Elle allumait d'abord sa lampe de chevet, que nous appelions « petite lumière », par opposition au très puissant plafonnier, car il n'était pas question de s'endormir sans avoir feuilleté une dernière fois quotidiens et magazines. Le grand verre d'eau placé sur la table de chevet n'avait pas vocation à la désaltérer pendant la nuit. C'est dans ce verre qu'elle déposait minutieusement ses dentiers, celui du haut et celui du bas, ce qui ne manquait jamais de m'impressionner. Elle ôtait ensuite ses lunettes et c'est précisément à cet instant que son visage se transformait instantanément. Elle que son énergie, son dynamisme, sa présence d'esprit avaient longtemps fait paraître « bien plus jeune que son âge » se métamorphosait en vieille dame, sans doute usée par les soucis, ayant dû affronter la guerre en élevant seule et sans grands moyens ses sept enfants. Je la reconnaissais à peine !

Je revois encore nettement son expression de surprise lorsque, un beau matin, je décidai d'afficher les portraits de mes idoles au-dessus de nos lits : George, Paul, John et Ringo (accompagnant l'achat du double « album blanc » des Beatles). Étonnement, mais en aucun cas rejet. D'ailleurs, elle ne me refusait jamais rien, allant jusqu'à signer en cachette mon carnet de correspondance si d'aventure j'avais obtenu une mauvaise note. J'aimais la chahuter, la taquiner. Plus je grandissais, plus j'avais l'impression qu'elle rapetissait, alors, je la prenais dans mes bras et la faisais tourner en riant aux éclats. Elle riait avec moi en criant :

— Philippe, ça suffit maintenant, repose-moi tout de suite par terre !

Lorsque, certains samedis soir, mes parents étaient de sortie, c'est avec elle que je regardais la télévision :

les « Sacha Show », les « Salves d'or », les « Grands Enfants »... Nous finissions toujours par rêver tous les deux, moi, de rejoindre un jour cet univers magique, elle, sûrement à des choses bien différentes, car elle s'endormait toujours pour de bon avant la fin du programme !

Alors, je lui disais cette phrase surréaliste :

— Mémère, réveille-toi, il est l'heure d'aller te coucher !

Et elle me répondait invariablement :

— Pourquoi, c'est déjà fini ?

La mode n'étant pas encore aux « Mamie », « Mamita », « Nonna » ou autre « Mina », nos grands-mères, dans les milieux populaires, s'appelaient toutes « Mémère » (« bonne-maman » étant plus fréquent dans les familles bourgeoises), suivi pour les distinguer du nom de famille maternelle ou paternelle.

C'est grâce à elle également que j'évitais la cantine scolaire chaque midi, pour venir me régaler de bons petits plats préparés exclusivement pour moi. Jamais à court d'idées, elle avait en plus l'art de la récupération. Comme par enchantement, un reste de viande pouvait se transformer en succulent hachis Parmentier, mais aussi en boulettes sauce tomate, en courgettes farcies, voire en spaghettis bolognaises. Et que dire du pain rassis qui devenait pudding ? Un vrai régal !

Ma préférence, elle le savait, allait déjà à ses fameuses crêpes de froment ou de sarrasin. Je les aimais tant que j'ai dû en ingurgiter plusieurs centaines sans prendre le moindre gramme... Lorsque, rassasié, je repartais au collège, elle me raccompagnait jusqu'à la porte d'entrée, avec des mots d'un autre temps :

— Ferme bien ta gabardine et resserre ton cache-col ! Rattache les lacets de tes godillots !

Elle avait d'autant plus de mérite qu'à son arrivée à Paris, gare Montparnasse, quelques décennies auparavant, venant de sa Bretagne natale, elle maîtrisait bien mieux le breton que la langue française.

Prématurément veuve, mon grand-père ayant eu la malchance de se faire renverser par l'une des rares automobiles qui circulaient sur le boulevard extérieur au milieu des années 1930, et donc mère de sept enfants dont ma mère, elle aimait les fêtes de Noël qui permettaient de réunir une partie de sa grande famille. Une partie seulement car, comme souvent dans les familles nombreuses, quelques désaccords étaient nés entre frères et sœurs. Des carrières très variées, des parcours parfois chaotiques, des déboires sentimentaux pour certains, professionnels pour d'autres, ou d'autres motifs parfois insignifiants, en avaient, malheureusement, éloigné quelques-uns du premier cercle.

Ma grand-mère en souffrait en silence. Elle tentera en vain, à de nombreuses reprises, et hélas sans succès, de recoller les morceaux. Elle ne s'en remettra jamais tout à fait.

Jean, surnommé Jeannot, accompagné de sa femme, Lucienne, que toute la famille appelait affectueusement Lulu, était, quant à lui, bien présent à ce réveillon de 1965.

Jeannot, frère aîné de ma mère, était plus qu'un oncle ordinaire : c'était aussi mon parrain. Ce lien affectif avait fait de moi l'enfant qu'il n'avait pas eu. J'avais d'autant plus d'affection pour lui qu'il avait été à l'origine de la rencontre entre mon père et ma mère au début des années 1950. Collègues de travail dans l'imprimerie avant de devenir amis, puis beaux-frères, ils avaient l'habitude d'aller danser chaque fin de semaine rue de Lappe, dans le quartier de la Bastille, célèbre pour ses soirées festives, mais aussi pour son fameux Balajo où l'on pouvait se déhancher sur tous les rythmes de l'époque.

Les descriptions qui m'en ont été rapportées ne sont pas sans m'évoquer, deux décennies plus tard, l'ambiance de *La Fièvre du samedi soir*. Tout comme Tony Manero, le héros du film, mon père, très brun et longiligne, était à cette époque un remarquable danseur, sans cesse à la recherche d'une partenaire à son niveau. Jeannot lui ressassait semaine après semaine :

— Un jour, il faudra que je te présente ma petite sœur !

Si ce jour se fit attendre, il finit par arriver. La rencontre fut décisive, non sur un plan artistique, mais sentimental. « *Love at first sight* », comme on dit outre-Atlantique : l'amour au premier regard... le coup de foudre, quoi ! Tellement puissant que je naquis quelque temps plus tard !

Jeannot m'a, je crois, toujours considéré comme un fils. « Mon héritier », disait-il, fruit d'une rencontre programmée et orchestrée par ses soins.

S'il fit, lui aussi, carrière dans l'imprimerie, ce fut pour l'essentiel dans une branche différente de celle de mon père. Il imprimait, le plus souvent la nuit, le plus grand journal de l'époque : *France-Soir*. Créé à la fin de la guerre, ce quotidien tirait ses éditions à plus d'un million d'exemplaires dans les années 1950-1960. On ne saurait compter non plus les hommes de qualité qui s'y succédèrent, de Pierre Lazareff et Joseph Kessel à Lucien Bodart ou encore Philippe Labro (qui sera mon patron pendant mes années RTL). *France-Soir* était alors *la* référence médiatique !

Mon oncle aura contribué à ce succès, plus modestement bien sûr, mais tout aussi efficacement : rotativiste chef d'équipe, il contrôlait le papier, l'encre, les caractères, veillait au respect des mises en pages décidées par la rédaction. La dernière heure (DH), première des sept éditions, devait être dans les kiosques dès six heures et envoyée en province encore plus tôt ! Une lourde responsabilité. Tandis que la ville dormait encore, les rotatives de plusieurs tonnes tournaient à vive allure, et les interminables rames de papier se dévidaient en cadence au 100 de la rue Réaumur, dans le IIe arrondissement de Paris.

À plusieurs reprises, et compte tenu de mon attrait précoce pour les médias, mon oncle m'avait invité à venir voir tourner ces rotatives en journée, sans omettre de m'expliquer sa fonction et les étapes de la fabrication d'un journal.

J'ai tout de suite aimé cette ambiance de course contre le temps, ce travail d'équipe où chaque maillon a son importance. Jeannot faisait partie de cette chaîne, repartant chez lui au petit matin, son *France-Soir* sous le bras – et, une fois par semaine, *Marius* et *Le Hérisson*, deux journaux satiriques aujourd'hui disparus –, exténué mais heureux d'avoir encore une fois « bouclé » dans les temps.

C'est donc tout naturellement qu'il intercédera en ma faveur pour un job d'été durant ma période étudiante : ni journaliste, ni reporter, ni même sous ses ordres près des rotatives, non. Ce que je me vis proposer était un poste de… veilleur de nuit !

Veilleur de nuit, oui, de 20 heures à 8 heures le lendemain matin, quotidiennement, trois fois quatre heures sur trois postes différents.

L'entrée arrière du bâtiment n'offrait aucun intérêt, sinon la possibilité de s'assoupir un peu en évitant d'être repéré. L'entrée principale, en revanche, me permettait d'apercevoir, sinon d'approcher, les célébrités de ce milieu des années 1970 (tel Philippe Bouvard). En troisième lieu, le garage à bicyclettes, mobylettes ou scooters, de l'autre côté de la rue, présentait un tout autre intérêt que je ne soupçonnais pas. En effet, ce dernier endroit se situait à une cinquantaine de mètres de l'une des plus anciennes rues de Paris, la rue Saint-Denis, connue à l'époque comme l'un des hauts lieux de la prostitution parisienne.

Trois lieux, trois veilleurs de nuit qui tournaient donc toutes les quatre heures, et un seul pompier de service, censé passer d'un endroit à l'autre tout au long de la nuit. Je m'aperçus rapidement que ce dernier avait ses « habitudes », et une préférence très marquée pour le garage à mobylettes, prétextant que les risques d'incendie, compte tenu de la présence de moteurs, donc d'essence, y étaient bien plus importants. Il ne me fallut pas longtemps pour comprendre son enthousiasme à l'arrivée très tardive de femmes souvent superbes et – comment dire – en tenue d'été, venues se restaurer d'un sandwich acheté au coin de la rue, se rafraîchir, ou simplement se détendre une trentaine de minutes. Notre homme du feu connaissait manifestement bien la majorité de ces femmes qui lui témoignaient une sympathie évidente. J'étais donc souvent prié d'aller fumer une cigarette à l'extérieur, au début du moins car, les semaines passant, ces drôles de dames s'étaient prises d'amitié pour moi, me préférant aux deux autres gardiens titulaires bien plus âgés ! Pas de sexe entre nous, même si les tentations furent nombreuses, mais nos longues discussions « entre amis » leur faisaient, je crois, beaucoup de bien, même si, à ma grande surprise, elles me confiaient très majoritairement être heureuses d'exercer ce métier.

En permanence plongé dans mes polycopiés de droit, je les intriguais. Elles me posaient tout un tas de questions sur mon parcours, mes ambitions, ou tout simplement sur telle ou telle difficulté juridique. De jeune étudiant en droit, je devins à leurs yeux l'autorité suprême. À la fois avocat, juge et procureur, je remplissais toutes les fonctions en même temps ! La rumeur qu'un jeune homme « sympa et plutôt mignon » trouvait chaque nuit, entre minuit et 4 heures du matin, la solution à leurs problèmes juridiques de tous ordres se répandit rue Saint-Denis comme une traînée de poudre. Tout y passait : démarches après un contrôle de police, soucis de remboursement de soins par la Sécurité sociale à laquelle elles n'avaient pas droit, etc. Locataires de leur studio, elles étaient aussi souvent en conflit avec leur propriétaire. Le garage à vélos était devenu ma permanence, le pompier de service mon collaborateur attitré ! Chaque soir, de la nuit tombée jusqu'à la fin de mon intérim, mes « consultations » reprenaient. J'y avais pris goût. Au petit matin, il n'était pas rare de nous retrouver tous ensemble au café du coin autour d'un copieux petit déjeuner. Nous nous retrouverons chaque été de 1977 à 1979 avec le même plaisir réciproque, jusqu'à l'obtention de ma maîtrise en droit.

Mes études de droit terminées, je refermai définitivement cette parenthèse de veilleur de nuit à *France-Soir*. Elle m'avait à nouveau permis de rencontrer des gens issus d'un monde différent du mien, mais aussi de percevoir mes premiers salaires, m'assurant des études confortables le reste de l'année.

Mon oncle Jeannot nous a quittés en janvier 2017.

Il m'avait passé un coup de téléphone un dimanche après-midi. Il n'était pas très en forme et ne pouvait, à son grand regret, venir m'applaudir à Bray-Dunes dans *Piège à Matignon*. À quelques minutes de monter sur scène, j'avais dû écourter notre conversation, lui promettant de revenir le voir dès la semaine suivante dans ce même département du Nord où il résidait. Sa voix était claire et ses mots rassurants ne laissaient en rien présager de la gravité du mal qui l'affaiblissait déjà depuis de nombreuses semaines et qu'il avait pris soin de minimiser. Pouvais-je, dans ces conditions, me douter, à cet instant, que cette trop courte conversation serait la dernière ?

Mimi, Marcel et la bûche

Le réveillon de 1965 battait son plein. La dinde aux marrons tant critiquée avait obtenu comme chaque année un franc succès, et pourtant, il y avait toujours un des convives pour affirmer de façon péremptoire :

— L'année prochaine, il faudra changer, parce que la dinde, c'est bon mais un peu sec !

La tablée acquiesçait par un hochement de tête collectif, les yeux déjà tournés vers le plateau de fromages.

Des scènes simples, conviviales comme ont dû en vivre des milliers de familles françaises.

L'arrivée de la bûche était imminente. Une bûche traditionnelle, crémeuse à souhait, parfum café ou chocolat, surmontée de son lot de champignons meringués, d'une petite scie en plastique rouge ou verte, et de quelques lutins malicieux qui n'étaient pas sans rappeler les sept nains de Blanche-Neige.

C'était toujours le moment que choisissait Mimi pour entamer des chants de Noël : « Mon beau sapin », « Petit Papa Noël » et, en canon, « Vent frais, vent du matin ». Plus nous ajoutions de voix, plus l'exercice devenait difficile, plus elle semblait heureuse.

*

Deuxième fille de la fratrie de sept enfants, Émilienne enchaînait les quelques mêmes souvenirs d'enfance avec son père (mon grand-père maternel), qu'elle avait très peu connu, mais les enjolivait d'année en année sur un ton humoristique, prenant souvent à témoin ma mère qui, elle, ne l'avait pas connu du tout. Mais elle excellait dans ce rôle de conteuse, aussi, nous l'écoutions avec plaisir, attendant avec impatience le nouveau détail qui lui serait venu à l'esprit cette année-là !

Elle n'avait jamais eu d'enfant, raison pour laquelle, peut-être, elle traitait son mari comme s'il en était un. Ce qui n'était pas pour déplaire à Marcel, qui s'exonérait ainsi de toute responsabilité, d'autant qu'après plus de trente années de vie commune, ils n'étaient pas légalement unis. Mimi s'était en effet mariée dès son plus jeune âge à un homme avec qui elle avait entretenu une relation durant plusieurs mois. Marié dans la matinée, l'homme s'était volatilisé le soir même, laissant définitivement sa femme et sa famille sans nouvelles. Les semaines, les mois puis les années passèrent sans que le mystère fût éclairci, ni par les proches, ni par les services de police aussitôt alertés.

Ma tante n'en parlait jamais et les rares informations à ce sujet étaient distillées au compte-gouttes. Toutes les hypothèses avaient été envisagées. L'enlèvement… mais il n'y avait pas d'argent dans la famille, et il n'y eut aucune demande de rançon. Une liaison avec une autre femme… pourquoi alors s'était-il marié ? Le crime crapuleux ou le règlement de comptes… mais aucun cadavre ne fut jamais retrouvé. Aux yeux de la loi, cet homme était toujours vivant et son absence n'était pas un motif suffisant pour divorcer.

Marcel était donc son mari et mon oncle sans l'être tout à fait. Au beau milieu des années 1980, cependant, après un long et fastidieux parcours administratif, la loi les autorisa enfin à s'unir officiellement. Et, cette fois, le marié ne quitta pas le domicile conjugal.

Mimi n'avait rien pressenti du départ de son premier mari, elle qui pouvait avoir un regard « inquiétant » et était parfois sujette, sinon à des visions, du moins à des prémonitions. N'avait-elle pas prévenu ma mère que je venais d'avoir un accident de voiture, quelques mois après l'obtention de mon permis de conduire, à l'instant exact où je manquais un virage à la sortie de Nantua, chef-lieu du département de l'Ain, pour terminer ma route dans un champ après quelques tonneaux ? Sans conséquences physiques pour aucun de mes passagers ni pour moi-même, heureusement, mais ma première voiture était réduite à l'état d'épave. Mon unique accident à ce jour…

Malheureusement, Mimi ne voyait que le négatif, ce qui, en outre, lui occasionnait d'affreux maux de tête. Aussi avait-elle décidé d'éviter à jamais toute forme de concentration.

C'est elle qui m'a appris à jouer aux cartes avec la complicité de ma mère, au rami, en particulier. Les deux étant très douées et plutôt chanceuses, j'avais beaucoup de mal à tirer mon épingle du jeu. Le franc symbolique était l'enjeu de nos parties en cinq cents points durant les vacances. Je perdais souvent, mais regagnais mon argent en lavant la vaisselle pour cinquante centimes, puis en l'essuyant pour cinquante centimes supplémentaires ! L'un dans l'autre, mon budget restait à peu près équilibré. En dernier recours, je savais que je pouvais bénéficier, non pas de l'appel à un ami, mais à ma grand-mère, qui ne manquait jamais de me dépanner sur-le-champ !

La grande époque des cinémas de quartier

Ne croyant plus au Père Noël depuis longtemps, nous avions quand même placé à son intention, en ce Noël 1965, un verre de vin et une cigarette sur le rebord de la cheminée, quelques carottes pour ses rennes afin que mon frère, Olivier, âgé de trois ans, connaisse le même émerveillement que moi quelques années plus tôt.

Car, comme des milliers d'enfants, j'y ai cru aussi dur que du fer. Je lui ai écrit, je l'ai guetté, caché dans l'immense coffre à jouets confectionné par mon père, au risque de ne plus pouvoir m'en extirper, je l'ai entendu déposer les cadeaux au pied du sapin, je l'ai même vu – enfin, presque vu, disons aperçu. Hélas, le temps de réagir, le verre de vin était déjà vide, seuls restaient les fanes des carottes et un mégot d'une autre marque que la cigarette déposée la veille…

Ah ! la magie de Noël… Qu'allais-je découvrir cette année, je n'en avais pas la moindre idée. Bien sûr, j'avais émis des souhaits, à défaut de lettre. Hormis la télévision que je dévorais depuis quelques années déjà, je me passionnais pour la musique, le sport, et surtout le cinéma, mais aussi pour les livres qui en retraçaient l'histoire.

*

Par chance, c'était la grande époque des cinémas de quartier. L'avenue de Saint-Ouen en regorgeait. De la porte du même nom à la place de Clichy, on n'en comptait pas moins d'une dizaine et non des moindres. Leurs noms seuls me faisaient rêver. L'Idéal, surplombant la voie ferrée communément appelée « petite ceinture », car elle encerclait le Paris d'antan. Le sublime Métropole, face à la station de métro Guy-Môquet. Le Paris-Ciné, un peu plus haut, était sans doute celui qui réunissait le plus de critères du petit cinéma de quartier, à commencer par sa programmation. J'y ai vu à peu près tous les nanars en noir et blanc de l'époque, américains ou français : la série des Lemmy Caution, le personnage créé par l'écrivain britannique Peter Cheyney, interprété à l'écran par Eddie Constantine ; les héros très *frenchies*, Coplan et autres OSS 117, avec en tête d'affiche des acteurs aujourd'hui totalement oubliés, exception faite de Lino Ventura et son fameux « Gorille » (ces interprétations « d'époque » auront au moins eu le mérite d'avoir donné du corps et beaucoup de drôlerie au personnage issu de ces « polars » et remarquablement caricaturé par Jean Dujardin). Plus loin, le Clichy Pathé ne tardera pas à multiplier ses salles et à occuper les deux côtés de l'avenue de Clichy, laissant au toujours très actuel Wepler son côté prestigieux, mais très populaire. Les Images et enfin le très élégant Gaumont Palace fermaient le ban ! Il y avait donc l'embarras du choix pour rassasier chaque jeudi après-midi notre appétit sans cesse grandissant de jeunes cinéphiles.

C'est ma mère qui, sans s'en rendre compte, a déclenché un mercredi soir (veille du jeudi, jour de repos), cette passion pour le septième art en m'emmenant voir, en guise de récompense, assis sur les bancs très inconfortables du préau de mon école primaire, *Fanfan la Tulipe* avec le merveilleux Gérard Philipe, jeune, beau, effronté, brillant, spontané, intrépide, sautillant, généreux. Je n'avais qu'un souhait, lui ressembler ou, mieux encore, être lui, d'autant que j'étais loin d'être insensible aux charmes de la belle « Adeline La Franchise », à laquelle la sublime Gina Lollobrigida prêtait ses traits. Un souvenir d'autant plus gravé dans ma mémoire que cette représentation aura été l'unique fois de ma vie où j'aurai assisté à une séance publique avec ma mère. Travailler à l'extérieur, entretenir notre appartement, faire les courses et cuisiner pour notre petite famille – et sans doute aussi le prix des places – justifiaient cette absence de divertissements en commun.

Il y a quelques années, j'aurais pu faire le même constat avec mon père. Il aura fallu attendre ses quatre-vingts ans pour que nous commencions à écumer, lors de ses fréquentes venues à Paris, toutes les salles obscures du quartier Latin. Jusqu'alors, nous ne nous étions jamais retrouvés ensemble dans une salle de cinéma.

— Alors, qu'est-ce qu'il y a de beau à voir en ce moment ? finissait-il par me demander au téléphone, la veille de son arrivée.

Des divertissements populaires au cinéma d'art et d'essai, nous aurons, durant ces dix dernières années, vu ensemble autant de films que certains durant toute leur vie. Des séances de rattrapage sur le tard, mais aussi l'occasion de découvrir en lui un véritable passionné !

Avec mes copains d'école, nous allions au cinéma au moins un après-midi par semaine. Ensuite, direction la Zone pour y interpréter les films à notre manière, chacun endossant un ou plusieurs personnages en même temps. Nous zappions le plus souvent les rôles féminins, puisqu'il n'y avait aucune fille dans notre bande !

Cela explique peut-être que nous résumions fréquemment le scénario à de longues chevauchées ou courses-poursuites, une manière comme une autre d'exprimer notre virilité naissante. Les films d'action et d'aventure avaient donc notre préférence, *Le Capitan*, *Le Capitaine Fracasse*, *Le Bossu*, *Le Miracle des loups*, autant de films avec l'une de nos idoles de l'époque, Jean Marais, le même dont l'interprétation m'avait fait si peur dans *La Belle et la Bête* ou encore *Orphée* de Jean Cocteau quand j'étais plus petit, le même dont j'avais suivi les aventures dans *Fantômas*, le même que je n'ai jamais rencontré, mais qui prendra le temps de m'écrire quelque temps avant sa mort, alors que je présentais quotidiennement « Le Juste Prix » sur TF1 : « Cher Philippe, je vous regarde chaque jour avec joie, Jean. » Petit mot accompagné de l'une de ses sculptures que je conserve religieusement et que je contemple toujours avec émotion.

Pas de déguisements particuliers, nous n'avions pas les moyens de nous en offrir. Nous nous contentions, en fin de marché, d'aller récupérer les cagettes de fruits et légumes. Avec un peu de technique et d'expérience, nous avions appris à les transformer en épées, boucliers et visières. Équipés de lance-pierres fabriqués main et de sarbacanes blanches faites de tringles à rideaux, nous étions parés aux combats.

Des poursuites sans fin s'enchaînaient alors à travers la Zone. Nous ne courions pas, non, nous étions

« à cheval », nous galopions ! Si nos combats fictifs restaient amicaux, il nous est arrivé, par suite de malentendus, de nous administrer de véritables roustes sans motif apparent, mais sans conséquence. Un excès de zèle, un petit coup de fatigue, un regard mal interprété pouvait suffire à mettre le feu aux poudres, mais nous étions au fond très soudés et les choses rentraient vite dans l'ordre, sans rancœur ni rancune. En revanche, lorsque nous croisions une bande rivale qui avait commis l'imprudence de s'aventurer sur notre territoire, le contact était bien plus rude et le résultat se lisait facilement sur nos visages, nos genoux ou tout simplement sur nos mains. Ce qui pouvait nous valoir, de nos parents, une suppression de sortie pour la semaine suivante…

Contrairement aux Jets et aux Sharks, les deux clans rivaux de *West Side Story*, notre bande n'avait pas précisément de nom, ce qui la distinguait de la bande du Talus, au pied de la butte Montmartre, ou de celle, redoutable, de la porte de Clignancourt. Nous, c'était simplement « la bande ». Sauf quand nos ennemis voulaient se moquer de nous et nous narguer, parfois même, nous défier. Alors, bien qu'il n'y eût pas eu de filles dans notre premier cercle, ils nous appelaient « les Georgettes », non que nous fussions efféminés, même s'ils tentaient parfois de le sous-entendre, mais par allusion à Georgette Agutte, peintre, sculptrice et collectionneuse d'art du début du XXe siècle, connue également pour avoir été l'épouse de Marcel Sembat, homme politique et ministre de la IIIe République. À la mort de ce dernier, victime d'une hémorragie cérébrale le 5 septembre 1922, elle avait choisi de se suicider, non sans avoir rédigé ce petit mot : « Voici douze heures qu'il est parti. Je suis en retard. » Cette femme aura également donné son nom à la rue, à l'école primaire et au collège d'enseignement général (CEG) où j'ai fait l'intégralité de mes études, du cours préparatoire à la classe de troisième. C'est pourquoi nous n'aurons jamais perçu ce surnom de « Georgettes » comme une offense.

Quelques années plus tard, c'est sur les terrains de sport, handball et basket notamment, qu'auront lieu nos affrontements, bien plus pacifiques.

Plus tard encore, pour en revenir au cinéma, je deviendrai « addict » de la Nouvelle Vague, ce qui comportait objectivement moins de risques, et plus particulièrement du cinéma de François Truffaut. La beauté de Françoise Dorléac dans *La Peau douce*, film résolument pessimiste mais très hitchcockien, celle de sa sœur, Catherine Deneuve, dans *La Sirène du Mississippi*, cette façon subtile et enivrante de les filmer m'ont immédiatement conquis. « Vous aimer est une joie et une souffrance », formule qui transpire de son regard sur les femmes.

Je connais toute sa filmographie, et j'ai eu la chance de l'évoquer succinctement avec le non moins talentueux Claude Chabrol, que j'ai croisé à plusieurs reprises, sans pour autant que nous soyons devenus intimes. Sa passion pour les jeux télévisés, en tête desquels se hissait « Le Juste Prix », combinée à la mienne pour le cinéma, nous avait quelque peu rapprochés, nous conduisant à accepter une interview croisée pour un grand hebdomadaire de télévision.

Quelque temps avant sa disparition, il avait imaginé me confier un rôle de notaire véreux dans un film. Un contre-emploi, m'avait-il dit… Un rendez-vous manqué, hélas.

Je mesure néanmoins la chance, inhérente à mon métier, d'avoir pu rencontrer tant de personnes que j'admirais, d'échanger quelques instants avec elles pour certains, d'entretenir sur la durée une relation amicale ou professionnelle avec d'autres. Un privilège qui n'a pas de prix !

Comme pour la télévision, ma passion pour le cinéma n'a jamais faibli, même si mes goûts en la matière ont évolué au fil du temps.

Une très séduisante voisine…

À cet instant de la soirée, je ne savais toujours pas si mes souhaits seraient ou non exaucés. Pourtant, le réveillon touchait à sa fin, une petite lumière clignotait encore dans la crèche. Seule rescapée de ces années-là, elle refait chaque année son apparition chez moi, de début décembre à la première semaine de janvier. Je l'ai adorée, mes enfants l'ont aimée à leur tour, et son avenir semble encore assuré pour un long moment, puisque Léo, mon premier petit-fils, vient tout juste d'agrandir le cercle de famille.

*

Guy, premier à s'éclipser comme à son habitude, n'empêchait pas Lulu, la plus fêtarde d'entre tous, de reprendre des cerises à l'eau-de-vie et de rallumer, en même temps qu'une cigarette, plusieurs foyers de conversation.

L'alcool aidant, il y avait toujours un moment où elle me demandait, discrètement, si j'étais ou non amoureux de la sœur d'un copain de classe, qui habitait l'escalier voisin. Je ne l'étais pas, mais elle était tellement persuadée du contraire, que je finissais toujours par lui lâcher quelques indices qui la confortaient dans son impression et lui procuraient la satisfaction d'avoir raison.

Aurais-je dû lui avouer, quelques années plus tard, que celle qui me fascinait n'était pas la jeune voisine de mon âge, mais la femme d'une cinquantaine d'années, fraîchement divorcée, qui venait d'emménager seule sur ce même palier du quatrième étage, et qui me donnait des frissons chaque fois que je la croisais dans l'escalier. Elle m'envoûtait littéralement, cette Mrs Robinson blonde qui, contrairement à Anne Bancroft dans *Le Lauréat*, n'entreprit jamais de me séduire, bien que me dévisageant fréquemment avec insistance. Avait-elle perçu mon émoi ? S'en amusait-elle ? Avait-elle, ne fût-ce qu'une seconde, partagé mon désir ? Questions à jamais sans réponse… Dommage, mais qu'aurais-je osé dans le cas contraire ?

Hormis les fausses confessions intimes, Lulu s'étonnait toujours de mon timbre de voix qu'elle trouvait charmant et très particulier. Chaque année, je lui reprécisais que, oui, j'avais bien été opéré des amygdales et des végétations, mais rien n'y faisait :

— Ta voix est un atout, elle est reconnaissable et unique en même temps, tu t'en serviras plus tard, crois-moi !

Puis, ensemble, nous éclations de rire.

L'avenir n'aura de cesse de me démontrer qu'au fond, elle avait raison, Lulu. Ma voix, au fil du temps, est devenue un outil de travail suffisamment caractéristique pour que de nombreux imitateurs s'en emparent, de Laurent Gerra à Gérald Dahan notamment. Une sorte d'empreinte digitale sonore, indissociable de ma personne, qui, non seulement m'identifie, mais sera mon premier signe de reconnaissance où que j'aille, quoi que je fasse. Cette voix, je l'utiliserai vraiment pour la première fois durant mes années de lycée.

De la musique avant toute chose !

Les années 1970 dont on parle trop peu, supplantées médiatiquement par les années 1980 et 1990, sont pourtant, à mon sens, musicalement bien plus intéressantes. Elles voient l'éclosion de groupes d'anthologie tels Led Zeppelin, Deep Purple, Creedence Clearwater Revival, Queen, Genesis, et bien d'autres. Pas un lycéen de ma génération qui n'ait souhaité s'identifier à un leader vocal ou un guitariste de cette époque.

Pour ma part, je ne joue pas ou peu encore de la guitare, mais je n'assure pas trop mal à l'harmonica. Sans avoir l'aisance d'un Robert Plant de Led Zepp, j'ai souvent un petit piccolo en *mi* au fond de ma poche au cas où… mais en classe de seconde, peu de chance de se retrouver face au « cas où ». Alors, il faut le provoquer ! C'est pourquoi je décide de passer à l'action et de créer mon propre groupe.

Mes copains les plus proches n'étant pas musiciens, je me mis en quête de les trouver en dehors du lycée. Le batteur fut ma première recrue. Un peu plus âgé, Serge venait de Dargies, petit village de l'Oise où mes parents avaient une modeste résidence secondaire. Il avait abandonné ses études pour devenir cuisinier. Avec ses tout premiers salaires, il s'était offert une batterie de la marque Premier dont il rêvait depuis toujours. Atout supplémentaire, il possédait également une voiture, une R8 S jaune canari, un modèle accessible qui faisait rêver tous les jeunes qui ne pouvaient s'offrir la version bleue Gordini. Serge avait par ailleurs repéré un bassiste dans la région, Philippe, qui jouait sans trop de fioritures, mais c'était « carré » et largement suffisant pour démarrer notre nouvelle entreprise. Le guitariste *lead*, en revanche, se faisait attendre. Aucune piste à l'horizon jusqu'au jour où, après avoir collé des affichettes dans la moitié des lycées de Paris, un certain Vincent se fit connaître. Un vrai coup de chance, car Vincent était un virtuose ! Nous étions cette fois au complet, et pouvions commencer nos répétitions.

À cet effet, nous entreprîmes de rénover la cave d'un copain de classe, au deuxième sous-sol d'un immeuble sis 48, rue de Rome, à Paris. Une fois isolé avec des dizaines de boîtes d'œufs, le local avait tout d'un véritable studio d'enregistrement. On y trouvait pêle-mêle amplis, table de mixage, instruments de musique. Ajoutons à cela l'indispensable nuage de fumée, suffisamment épais pour ne plus voir grand-chose, suffisamment tenace pour nous enflammer la gorge, mais censé, pensions-nous naïvement, nous apporter un surplus de crédibilité. Plus le halo de fumée s'épaississait et rougissait nos yeux, plus nous avions le sentiment d'approcher la perfection.

Rendez-vous chaque soir après le lycée pour deux d'entre nous, après la journée de travail pour les deux autres. Répétitions jusqu'à 2 ou 3 heures du matin. Une courte pause au drugstore Saint-Lazare tout proche pour prendre un verre, dîner sur le pouce, racheter un médiator, un jeu de cordes, ou simplement un LP que nous souhaitions réécouter ensemble afin d'en analyser toutes les subtilités sonores, puis nous replongions dans notre univers musical qui nous isolait totalement du monde extérieur.

Nous jouions un rock plutôt viril et passions sans transition de « Black Night » de Deep Purple à « Paranoïd » de Black Sabbath, du « Born To Be Wild » de Steppenwolf à « All Right Now » de Free. Peu de temps mort, mais énormément de décibels. Je me cassais la voix chaque soir avec bonheur et tentais naïvement d'adoucir mes cordes vocales en me délectant d'énormes cuillerées de miel. Il aurait presque fallu un sas de décompression entre notre deuxième sous-sol et le rez-de-chaussée de l'immeuble afin de récupérer toutes nos facultés auditives.

Une nuit, alertés par des voisins que nous empêchions de dormir, nous eûmes la surprise de voir quelques policiers débarquer dans notre local. Après nous avoir fait baisser le volume, ils restèrent finalement en notre compagnie afin d'écouter notre musique, l'un d'eux se proposant même de tenir la basse !

Ah, j'oubliais : Vincent et moi-même préparant un bac à dominante mathématiques, nous avions obtenu le feu vert de nos deux autres complices pour appeler notre groupe… Équation !

Durant les deux premières années de la décennie 1970, nous avons écumé tout ce qui se faisait de mieux en matière de bals populaires du vendredi et du samedi soir dans les régions de Picardie et Haute-Normandie avec un certain succès, avant de connaître notre apogée à la Maison de la culture de la rue de la Bienfaisance, dans le VIIIe arrondissement de Paris. Nous avions même, au bout de quelques mois, une poignée de groupies qui nous suivaient de semaine en semaine. Nous les avions chargées de motiver un public venu passer une bonne soirée sans pour autant connaître notre formation. Le temps d'une pause bière ou Coca, elles – car notre petit groupe de fans était presque exclusivement constitué de filles – nous rendaient discrètement compte du degré de satisfaction d'un public souvent plus occupé à draguer ou à se lâcher sur la piste de danse qu'à nous écouter avec attention. Qu'à cela ne tienne, nous étions fougueux, complices, intégralement investis dans notre aventure musicale… bref, nous étions tout simplement heureux !

L'époque des bals populaires chantés par Michel Sardou connaissait son apogée. Le vendredi et le samedi soir, le dimanche après-midi, les contrats s'enchaînaient. Nous étions fiers de voir nos visages sur des affichettes sauvages collées à la sauvette les jours précédant nos passages sur scène. Pourtant, appelé quelques mois plus tard sous les drapeaux, je devrai, à regret, abandonner mes trois camarades, couper mes cheveux qui me descendaient alors jusqu'aux épaules et céder ma place de chanteur à mon cousin, Patrice, dont je suis encore aujourd'hui très proche. Équation fut rebaptisé Sphex, et continua à tourner quelque temps encore…

De retour de l'armée, je m'attaquai avec une autre bande de copains à un style de musique plus acoustique, plus sophistiqué, moins agressif, dans l'esprit des Crosby, Stills, Nash and Young, Eric Clapton ou Leonard Cohen (avec qui j'aurai, quelques années plus tard, le très grand plaisir de passer plusieurs jours pour le compte de France Inter).

Je commençais par ailleurs à écrire mes propres compositions. Nous ne formions plus à proprement parler un groupe, mais quatre ou cinq individualités qui aimaient à se retrouver pour travailler les standards de l'époque, mais aussi pour se forger une identité musicale propre.

Plus de deuxième sous-sol, beaucoup moins de décibels et de fumée, mais une passion commune pour la musique, source d'une amitié solide qui perdure encore aujourd'hui.

Mes années fac furent ensuite musicalement beaucoup plus calmes. Faute de temps d'abord, mais également parce qu'avec mes nouveaux amis, étudiants en droit comme moi, je me retrouvais plus sur le cinéma, les comédies musicales et les voyages… La musique telle que je l'avais jusqu'alors vécue était pour quelque temps en sommeil.

Il faudra attendre le début des années 1990 pour que je renoue fortuitement avec elle, à l'occasion du réveillon 1991. Une grande soirée de prestige sur TF1, présentée par Christophe Dechavanne et son acolyte de l'époque Patrice Carmouze, réunissait la plupart de ses présentateurs vedettes de l'époque. Ambiance cabaret où, tour à tour, nous quittions notre table, montions sur scène pour y interpréter un titre de notre choix. C'est ainsi que je me lançai dans un « Je ne pense qu'à l'amour », version française du fameux « Lovesick Blues » de Hank Williams, l'un des pionniers du rock'n'roll. Une simple participation, suffisamment exaltante à mes yeux pour m'inoculer à nouveau le virus !

Ils ont des chapeaux ronds…

24 décembre 1965.

Les succulentes cerises à l'eau-de-vie de ma grand-mère étaient maintenant accompagnées de quelques pruneaux longuement marinés dans un mélange de thé et de rhum vieux, d'un énième café et d'une toute dernière coupe de champagne. Nos convives ne se décidaient toujours pas à lever le camp.

Je n'étais certes pas fatigué, mais ô combien impatient de découvrir, si j'étais chanceux, certains de mes cadeaux avec quelques heures d'avance. Cela m'était déjà arrivé une ou deux fois, mais ce soir-là, hélas, je ne tirai pas le bon numéro. Mimi, alors que tout semblait avoir été dit, venait de relancer la conversation sur les destinations qui la faisaient rêver mais qu'elle n'aurait, disait-elle, sans doute jamais l'occasion de faire, faute de temps et de revenus suffisants. À sa décharge, seules quelques classes privilégiées pouvaient en effet s'offrir de très onéreux déplacements en avion.

Les formalités douanières étant par ailleurs bien plus strictes qu'aujourd'hui, il n'était pas envisageable pour elle que son horizon, dans le cas le plus optimiste, dépasse le nord de l'Espagne ou de l'Italie, ce qui, à cette époque, n'était pas encore arrivé. Certes, il y avait nos vacances en camping près de Monaco où, sous un soleil de plomb, nous avions assisté à la relève de la garde autour du palais princier, avant de me voir offrir la collection correspondante de petits soldats : six en tenue blanche pour l'été, les six autres en noir pour la tenue d'hiver. Certes, une autre année, nous étions allés planter notre tente près d'Irún, au Pays basque, ou à la frontière espagnole, mais rien de plus.

*

Notre véritable territoire, c'était la Bretagne, le Morbihan que nous mettions une journée et demie ou deux jours à atteindre, en quatre-chevaux puis, plus tard, en Dauphine chargée à bloc, surmontée de surcroît d'une galerie copieusement garnie. Celle de Marcel et Mimi était grise, la nôtre blanc cassé. Je me souviens encore de son immatriculation : 6063 HY 75. Du siège arrière, j'observais attentivement mon père passant les vitesses à l'aide du levier qui reposait sur le plancher, contrairement à beaucoup d'autres voitures où elles se situaient à droite du volant, ou parfois encore au centre du tableau de bord pour, disait-on, une conduite plus « pépère ». Nous dépassions largement les 70 km/h pour atteindre parfois, dans des moments d'inconscience, les 90 km/h !

Pourtant, mon père n'avait aucune velléité de se prendre pour un pilote. Heureusement, car dans le cas contraire, maman, qui n'était pas très à l'aise en voiture, aurait immédiatement mis son veto ! D'ailleurs, bien que titulaire du permis de conduire, elle ne prenait jamais le volant, non seulement parce qu'elle y prenait peu de plaisir, mais également, j'en suis convaincu, afin de préserver judicieusement la sérénité de son couple.

La hantise de ne pas trouver de poste d'essence agrémentait toujours notre parcours d'une légère angoisse, surtout lorsque l'aiguille du compteur indiquait que la panne sèche pouvait raisonnablement être envisagée dans la trentaine de kilomètres à venir. Souvent, mon père s'amusait à entretenir un suspense digne des meilleures séries noires, mais qui, par chance, connut toujours un dénouement heureux. J'ose à peine imaginer ce qui se serait passé en cas de panne sèche, sans téléphone portable, sans borne d'urgence, sans aucun autre secours que celui improbable d'un automobiliste compatissant…

Quelques pauses étaient bien sûr prévues sur notre parcours. Il y avait les très courtes, pour se dégourdir les jambes ou satisfaire un besoin naturel, que mon père, nous ne saurons jamais pourquoi, tentait systématiquement de zapper, mais aussi, et surtout, celle, beaucoup plus longue, réservée au déjeuner. Nous mettions parfois presque une heure pour déterminer le bon endroit. Tous les occupants de la voiture se mobilisaient, en regardant du côté droit, à la recherche du coin idéal.

— Tiens, là ! s'exclamait ma mère, en repérant une petite clairière.

— Trop tard ! lui répondait parfois mon père avec un soupçon de mauvaise foi. Je ne peux pas m'arrêter, il y a trop de véhicules derrière nous.

L'endroit, il est vrai, devait répondre à certains critères très précis : pas trop près de la route afin d'éviter les gaz d'échappement, mais pas trop loin non plus pour surveiller la voiture ; un peu ombragé, mais pas trop pour profiter quand même de l'air pur et des rayons du soleil ; assez plat, afin de pouvoir étaler la grande nappe sur laquelle un véritable festin allait prendre place, etc. Un vrai casse-tête !

Le résultat, en revanche, était toujours à la hauteur, et notre menu champêtre n'avait rien à envier aux cartes des meilleurs restaurants de la région.

Ayant quitté Paris vers 4 heures du matin, les quelque cinq cents kilomètres pas tout à fait digérés, c'est quelque peu épuisés que nous retrouvions enfin une partie de ma famille maternelle en toute fin d'après-midi.

Ma tante Hélène tout d'abord, qui pouvait passer la journée entière sur le perron de sa maison pour être certaine de ne pas manquer notre arrivée le jour prévu. Cette Bretonne « pur jus » ne quittait jamais sa superbe coiffe blanche, surmontée de deux ailettes en dentelle brodées main, qui lui donnait l'air d'un ange et qui tranchait surtout avec le reste de sa tenue intégralement noire. L'émotion la submergeait dès qu'elle apercevait notre voiture s'engager, juste après avoir quitté la nationale, sur la longue ligne droite qui devait, cette fois sur une route très étroite, nous conduire jusque chez elle. C'est ensuite les yeux remplis de grosses larmes qu'elle étreignait ma grand-mère, sa sœur, pendant de longues minutes, lui susurrant à l'oreille bon nombre de phrases en langue bretonne qu'évidemment elles étaient seules à comprendre.

Tout le monde l'appelait « Ma tante Hélène », même ceux qui n'étaient ni ses nièces ni ses neveux, ou qui n'avaient le plus souvent aucun lien de parenté avec elle. Je n'ai jamais vraiment réussi à savoir pourquoi, m'étant entendu répondre à cette interrogation par un simple :

— On ne sait pas, c'est comme ça !

Hormis les larmes du premier contact, c'était une femme très souriante, extrêmement dynamique et d'humeur toujours égale. Son physique me fascinait. Elle avait perdu ses dents depuis bien longtemps mais n'avait jamais voulu, contrairement à ma grand-mère, avoir recours à un dentier, ce qui la vieillissait terriblement et lui donnait, lorsqu'elle riait aux éclats, des faux airs de Popeye, son menton touchant presque son nez.

Je l'aimais d'autant plus, « Ma tante Hélène », qu'elle n'avait rien de commun avec toutes les femmes de sa génération que je pouvais côtoyer à Paris. Me déroutaient sa tenue, bien sûr, souvent complétée par des sabots en bois noirs, mais surtout sa façon de s'exprimer. Elle plaçait le mot « dame » à chaque début de phrase. « Dame, oui » ou « dame, non », en réponse aux questions n'appelant pas d'explication détaillée, signifiaient sans doute « bah, oui » ou « bah, non ». Mais ce même mot pouvait prendre des sens différents, exprimant parfois la surprise (« Dame ! »), parfois encore l'impuissance (« Dame, qu'est-ce que j'y peux »). Difficile alors pour le petit garçon que j'étais de se repérer.

Je retrouverai ce mot, plus tard, dans l'œuvre de Victor Hugo, notamment *Les Misérables*. « Ah Dame ! Monsieur le maire, l'affaire est mauvaise », puis : « Vous ne voyez donc pas que la charrette s'enfonce ? Dame ! » Qui sait si « Ma tante Hélène » n'avait pas lu Victor Hugo ?

Le mari de « Ma tante Hélène » se prénommait Pierre-Louis. Beaucoup moins bavard, beaucoup moins expressif également, il semblait usé par des années de travail aux forges d'Hennebont, la ville voisine, autant que par son activité de résistant durant la période encore proche de l'Occupation. Lui s'en était tiré, ce qui n'avait pas été le cas de Pierre, son beau-frère, frère aîné de ma grand-mère, résistant de la première heure, fusillé par les Allemands en 1944, quelques semaines à peine avant la fin de la guerre. Un événement tragique qui avait laissé dans le cœur des deux sœurs une marque indélébile !

Pierre-Louis n'avait jamais quitté sa Bretagne natale. Peut-être était-il allé jusqu'à Lorient ou Vannes, mais rien n'est moins sûr. Aussi nous posait-il nombre de questions sur Paris que, décidément, faute de télévision et d'images animées, il ne parvenait pas à visualiser. Il nous regardait toujours, le premier jour, de façon plus marquée, avec une curiosité à peine masquée, comme si nous débarquions d'une autre planète. Lui qui n'avait jamais passé son permis de conduire pouvait tourner autour de notre voiture pendant une bonne dizaine de minutes, l'examinant minutieusement, pour nous demander en fin d'expertise :

— Et vous en êtes contents ?

C'est vrai que nous étions très différents. Pierre-Louis, vêtu d'un pantalon trop large et trop court, coupé à la serpe et retenu par de très larges bretelles, une casquette vissée sur le crâne, ne quittait jamais ses sabots de bois brut, suffisamment grands pour qu'il y glisse de la paille d'abord, puis ses pieds munis de charentaises, même l'été... Le contraste était saisissant.

— As-tu toujours le couteau que je t'ai offert ? me demandait-il chaque année.

Car lui ne se séparait jamais du sien, le même depuis de nombreuses années, en métal argenté, la lame repliée dans le manche, toujours enfoui au fond de sa poche. C'est fou les tâches multiples qu'il pouvait accomplir avec, le refermant ensuite après l'avoir essuyé avec le même petit mouchoir en coton brodé à ses initiales qu'il conservait dans son autre poche. De tournevis ou de tire-bouchon, son canif pouvait également devenir un cure-dents dont il usait sans retenue, ce qui agaçait profondément sa femme, la scène se reproduisant quotidiennement à la fin du déjeuner.

La maison de ma grand-mère, contiguë à celle de ma tante, construite dans la roche, n'était pas minuscule mais ne comptait qu'une seule grande pièce, entourant une immense cheminée. Une poêle à trous appuyée sur le flanc gauche de celle-ci semblait attendre la saison des châtaignes. Pas d'eau courante, mais le puits n'était pas très loin, d'où la tâche qui m'incombait de m'assurer plusieurs fois par jour que les deux grands seaux en ferraille étaient bien remplis. Pas d'électricité non plus, mais nous avions une lampe à pétrole, doublée, en cas d'urgence, d'une provision suffisante de bougies pour tenir plusieurs mois.

Un sol en terre battue très irrégulier, fortement bosselé par endroits, sur lequel reposaient de part et d'autre de la pièce deux très imposants lits en bois, une table, quelques chaises en paille, un petit garde-manger aux portes grillagées et deux armoires. La plus grande servait pour la vaisselle et, plus largement, pour les ustensiles de cuisine ; l'autre nous suffisait pour ranger nos vêtements d'été. Malgré les différentes astuces de mon père pour la caler, s'asseoir autour de la table demandait non seulement un minimum de concentration, mais aussi quelques qualités d'équilibriste pour ne pas tomber ! Le strict minimum pour cet endroit qui ressemblait plus à un habitat troglodyte qu'à une maison traditionnelle, mais qui nous suffisait pour passer très agréablement nos deux mois et demi de vacances.

Après nous avoir déposés fin juin, ma grand-mère et moi, mes parents, ma tante Mimi et mon oncle Marcel, qui faute de place avaient campé dans le champ voisin, repartaient, travail oblige, pour ne revenir qu'au mois d'août passer quatre semaines avec nous, puis effectuer encore un aller-retour pour revenir nous chercher, cette fois en vue de la rentrée des classes mi-septembre.

C'est dans ce tout petit village de Kerroch, près de Saint-Caradec, sur les hauteurs du Blavet dans le Morbihan, que j'ai appris à faire du vélo. Un petit vélo de couleur rouge, équipé de très gros pneus et dont le pignon fixe me permettait, en bloquant les pédales d'un coup sec, de faire d'interminables dérapages sur l'épais gravillon qui recouvrait le macadam. Cette manœuvre risquée, qui m'avait déjà valu d'écorcher mes coudes et mes genoux à de nombreuses reprises, m'était absolument interdite par mes parents, mais ce plaisir fugitif était tel que je bravais cette interdiction sans états d'âme. Sans aucun équipement de sécurité approprié, je terminais donc le plus souvent mon été les bras, les jambes et l'intérieur des mains recouverts de mercurochrome et de pansements divers, sortes de blessures de guerre que j'étais fier de montrer à mes copains parisiens au retour des vacances.

C'est avec la même légèreté que je passais outre la défense absolue de me baigner dans les deux grands rectangles de lavage et de rinçage du lavoir qui faisait face à notre maison et où des femmes courageuses, en apparence infatigables, passaient la journée agenouillées dans des caissons de bois bourrés de paille, savonnant, frottant, battant et tordant en tous sens des kilos de linge sale pendant des heures. Le bassin de lavage, encore tout savonneux après leur départ, nous permettait par la même occasion, en fin de journée, de faire notre toilette, puisque nous n'avions pas de salle de bains. À la fois baignoire, piscine et aire de jeux aquatiques, nous avions vraiment le sentiment d'être privilégiés, jusqu'au moment où, surpris en flagrant délit par le retour tardif et inattendu de l'une de ces nombreuses lavandières, nous finissions inexorablement par être chassés à grands cris !

C'est encore dans le Morbihan que j'ai pris, avec les copains de mon âge, le car qui nous conduisait vers les plages de Port-Louis, Larmor, Gâvres, etc., munis, dans notre petit sac de plage, d'immenses tranches de pain de seigle que nous ne connaissions que sous l'appellation de « pain noir ». Ces grandes tartines généreusement recouvertes de pâté de foie ou de campagne en guise de déjeuner, de beurre salé et de confiture maison pour notre goûter, contribuaient à notre bonheur du jour. Quelques pommes Sainte-Anne à la peau verte, acidulées à souhait, que nous ne manquions pas d'aller chiper dans le verger du voisin, quelques carrés de chocolat « à croquer » et une gourde en plastique translucide coiffée d'un bouchon de couleur, remplie d'eau et de sirop de menthe, complétaient traditionnellement notre menu. Les jours fastes, nous avions en prime assez de petite monnaie grappillée çà et là pour nous offrir un cornet de glace le long de la plage. Une atmosphère de colonie de vacances régnait dans ce car qui, à l'aller, récupérait sur son trajet des gamins d'âges divers qui ne se connaissaient pas, et qui, au retour, redéposait les meilleurs copains du monde !

Les jours « sans plage », je filais souvent chez Guiguite, la sympathique tenancière de l'unique café – ou plutôt bistro – du hameau.

Le visage jovial, un turban dans ses cheveux, les lèvres exagérément dessinées, une opulente poitrine en état d'alerte permanent, les joues rosies par l'excès de bolées de cidre et autres petits verres de blanc, conséquence de tournées à répétition, un large tablier à fleurs de couleurs vives entourant ses formes généreuses, cette rousse plantureuse me manifestait une réelle affection, en hurlant dès qu'elle m'apercevait à l'entrée de son établissement :

— Tiens, v'là l'Parigot !

Les jours où elle était très en forme, elle s'empressait d'ajouter dans la même tonalité, mais en chantant :

— Parigot tête de veau, Parisien tête de chien !

Elle riait ensuite si fort et longtemps de ce bon mot que j'ai bien cru plus d'une fois qu'elle allait s'étouffer ; mais elle finissait toujours par s'en remettre et, généreusement, m'offrait une grenadine, un lait fraise ou, si mes souvenirs sont bons, mon tout premier Coca-Cola.

C'est donc un verre à la main que je rejoignais la porte de derrière qui menait à l'unique terrain de boules en terre cuite rouges ou vertes, bien plus grosses que celles utilisées à la pétanque, afin d'observer les anciens qui s'affrontaient dans d'interminables parties de « lyonnaise », revisitée à la mode bretonne. Les contestations en tout genre, donnant lieu à d'interminables discussions, prenaient souvent le pas sur l'aspect technique de la partie qui pouvait alors durer des heures. C'est pourquoi je finissais souvent par les abandonner en cours de route sans états d'âme, sachant pertinemment que je pourrais les retrouver au même endroit et dans la même posture dès le lendemain. Au retour, je m'arrêtais à nouveau dans le bar qui faisait en même temps épicerie afin d'acheter un paquet de pâtes, une boîte d'allumettes ou encore une pile électrique dans l'unique but de justifier mon absence prolongée, mais aussi de récupérer les Carambar ou autres friandises que Guiguite ne manquait jamais de glisser dans ma poche, tout en profitant de l'occasion pour me secouer en me faisant un gros « smac » sur la joue !

C'est dans ce petit village également que j'ai découvert, avec effroi, comment on tuait et dépeçait les lapins, et où j'ai appris à faire des cabanes, à me dissimuler sous les fougères géantes de la lande du Margourau, en me méfiant des nombreuses vipères qui surgissaient quelques secondes entre deux énormes rochers recouverts de mousse avant de disparaître aussi vite. Là où j'ai entendu ma grand-mère parler pendant des heures en breton avec sa famille proche, me précisant souvent que, native du Morbihan, elle parlait le vrai dialecte, contrairement aux rivaux du Finistère voisin qu'elle avait, de ce fait, un peu de mal à comprendre.

Là, enfin, où j'assisterai, sans vraiment comprendre, à l'unique mais sérieux différend familial qui conditionnera la venue de Gérard, mon cousin germain, de dix ans mon aîné, dans notre domicile parisien.

Ces séjours bretons duraient donc presque trois mois, du 15 juin à début septembre. Rentrer à Paris après une aussi longue absence était toujours un déchirement. La petite maison n'ayant qu'une seule pièce, je vivais presque exclusivement dehors et profitais au maximum des grands espaces. Je savais qu'à notre retour, malgré mon jeune âge, l'appartement parisien me semblerait exigu et qu'il me faudrait comme chaque année un temps d'adaptation, une sorte de sas de décompression, avant de retrouver mes marques dans cette fourmilière humaine.

Pour « Ma tante Hélène », cette séparation était un véritable crève-cœur. Le jour de notre départ, telle une tragédienne qui répétait son rôle depuis quelques jours, elle rejouait au mot près la scène de notre arrivée, en montant le volume et en forçant quelque peu le trait. Sans rien perdre de sa sincérité, elle commençait par m'administrer en un temps record une rafale de bises que je tentais vainement d'esquiver car je trouvais non seulement sa peau un peu rugueuse, mais aussi parce qu'à chacun de ses mouvements de tête je voyais sa coiffe bretonne en forme de deltaplane se rapprocher dangereusement de mes yeux ! Prenant ensuite ma grand-mère dans ses bras en pleurant à chaudes larmes, elle l'étreignait peut-être encore plus fort. On sentait bien l'émotion de cette dernière qui, l'âge venant, se demandait anxieusement si les deux sœurs se retrouveraient une fois de plus l'année suivante, car il n'était pas envisageable pour ma grand-tante de quitter son petit village, encore moins de « monter » à Paris qui resterait jusqu'à sa fin une destination imaginaire, donc, pensait-elle, inaccessible.

Pierre-Louis, son mari, bredouillait toujours quelques mots incompréhensibles. Sa grosse moustache, recouvrant intégralement sa lèvre supérieure, nous masquait les mouvements de sa bouche. Contrairement à sa femme, son visage demeurait impassible. Il marmonnait et restait planté là, debout, immobile, nous fixant de telle manière, qu'il était impossible de déceler s'il était triste ou soulagé de nous voir partir ! Seul son fameux mouchoir porté aux coins de ses yeux finissait par trahir son émotion.

Les effusions passées, les derniers conseils de prudence donnés, et les deux ou trois premières tentatives de départ avortées, nous montions enfin dans la petite Dauphine surmontée d'une galerie chargée au maximum, mais bien arrimée par mon père, et en route pour l'aventure du retour !

Je me retournais une dernière fois, le temps de rejoindre la nationale, pour apercevoir « Ma tante Hélène » agitant ses bras comme pour superviser un atterrissage sur un porte-avions, jusqu'à ce qu'elle ne soit plus qu'un point au bout de cette longue ligne droite. Guiguite, sur le pas de la porte de son café-épicerie, au croisement de la petite départementale et de la nationale (que tous ici appelaient la « grande route »), informée du départ des « Parisiens », avait tout juste le temps de m'envoyer un dernier baiser imbibé de rouge à lèvres, et notre petite voiture disparaissait dans un flot ininterrompu de voitures, direction la capitale.

Si ces séjours estivaux dans la Bretagne de mes aînés constituaient un véritable dépaysement qui, compte tenu du budget nécessaire et de la durée du trajet, ne pouvait en aucun cas, pour notre famille, avoir lieu plus d'une fois par an, comment imaginer qu'un train nommé TGV, se déplaçant à plus de 300 km/h, relierait un jour Paris à Rennes en une heure vingt-cinq ?

À nous les p'tites Anglaises !

Le seul fait d'écrire le mot « voyage » me fait rêver. J'aime découvrir des régions nouvelles, des paysages, des monuments, des modes de vie, des coutumes, des visages. J'aime le petit frisson que l'on ressent, en posant le pied sur un sol inconnu. Chaque voyage renferme son lot d'imprévu, d'inédit, de surprises bonnes ou mauvaises...

Tel fut le cas, en 1969, lors de mon premier séjour en Angleterre.

Notre classe de seconde avait été retenue pour passer un week-end à Londres en compagnie de notre professeur d'anglais. Nous allions découvrir en quelques visites guidées les principaux sites et monuments de la City, mais aussi vérifier si la gastronomie se limitait aux saucisses à la sauce à la menthe, au *fish and chips*, aux repoussantes anguilles en gelée, au *black pudding* immangeable, et à toutes sortes de pâtés en croûte, les fameuses *pies* suivies de l'inévitable somnolence d'après-déjeuner, enfin, tester notre maîtrise de la langue de Shakespeare.

Depuis plusieurs semaines, nous avions minutieusement préparé ce séjour avec nos professeurs accompagnateurs et nous nous réjouissions de découvrir, même fugitivement, Carnaby Street, Trafalgar Square, Big Ben bien sûr, et le fameux passage pour piétons d'Abbey

Road, illustrant le sublime album des Beatles qui venait tout juste de sortir en France. Une balade dans Hyde Park devait prendre fin devant les grilles du palais de Buckingham. Nous piaffions d'impatience à l'idée de rapporter quelques 45 tours encore inédits, qui ne manqueraient pas de rendre jaloux nos camarades des classes non sélectionnées pour ce court voyage d'études.

Nous étions tellement pressés de partir que le jour J, avec Guy et Philippe, deux de mes bons copains, nous nous étions fixé rendez-vous dans un café face à la gare du Nord. Le tunnel sous la Manche n'existant pas encore, il nous fallait prendre un premier train jusqu'à Calais, puis un bateau pour Douvres, enfin à nouveau un train direction Londres.

Arrivés très en avance, nous prenions donc joyeusement notre petit déjeuner en décortiquant notre séjour sous tous ses aspects avant même d'être partis, ajoutant une question primordiale que les profs avaient délibérément omis de poser : les « petites Anglaises » aimaient-elles autant les jeunes *Frenchies* que la légende le laissait supposer ? Nous nous lancions même mutuellement le défi enfantin de prévoir qui de nous trois obtiendrait le premier la réponse.

Un sujet chassant l'autre, la surexcitation aidant, l'heure du départ arriva sans que nous nous en fussions rendu compte. Une course folle s'engagea pour tenter d'attraper notre train. Hélas, malgré notre excellente condition physique, le dernier wagon quittait le quai à l'instant même où nous entrions dans la gare. En moins d'une seconde, tous les plans que nous avions échafaudés pour passer un week-end londonien mémorable venaient de partir en fumée !

Enfin, pas tout à fait, car mon ami, Philippe, eut une idée lumineuse : profiter du jour de congé de son père pour lui demander de nous conduire en quatrième vitesse jusqu'à Calais dans sa grosse limousine, afin de rattraper notre bateau avant qu'il ne lève l'ancre. Qui n'a pas parcouru dans cette voiture ce jour-là les trois cents kilomètres séparant Paris de Calais ne saurait apprécier la force de l'expression « en quatrième vitesse »… Nous avons frôlé la catastrophe une bonne dizaine de fois. Le père de notre ami ayant pris au pied de la lettre son rôle de sauveur ne relâcha l'accélérateur qu'en apercevant le panneau annonçant notre terminus. S'il avait pu traverser la Manche, je pense qu'il l'aurait fait et nous serions, croyez-moi, arrivés bien avant nos camarades !

Malgré tous ses efforts, notre bateau avait déjà largué les amarres. Pas question pour autant de rebrousser chemin : nous attendîmes donc le suivant, dont le départ était prévu en fin d'après-midi. Évidemment, nous n'avions cette fois aucun espoir d'être à Douvres pour le départ du second train. Difficulté supplémentaire, nous devrions nous exprimer en anglais, ne serait-ce que pour acheter nos titres de transport.

Nous arrivâmes trop tard au cœur de Londres pour espérer retrouver enfin notre classe qui était hébergée dans un hôtel de banlieue. Restait donc à trouver où dîner et dormir, n'ayant pas suffisamment d'argent de poche pour nous offrir l'hôtel. Nous couchâmes sur les banquettes du métro, avant de finir la nuit sur des bancs en bois près de Piccadilly Circus. Le lendemain matin, après une nuit presque blanche, nous décidâmes de rejoindre l'hôtel, très excentré. Mais quand la malchance vous colle à la peau : notre bus croisa, sans qu'ils nous voient, celui de nos camarades qui partaient en excursion pour la journée ! La poisse… Fort heureusement, averti par télex, un de nos profs avait laissé à notre attention l'adresse du restaurant où le déjeuner devait être servi, ainsi que quelques livres sterlings afin que nous puissions enfin rejoindre le groupe en taxi.

Exténués par cette course-poursuite, nous n'avons pas pu profiter de Londres comme nous l'aurions souhaité. Et inutile de préciser que, de « petites Anglaises », il n'y eut point !

Voyage, voyage !

L'Angleterre me laissait donc un goût d'inachevé. Je devais toutefois y retourner quatre ans plus tard, dans des circonstances tout aussi rocambolesques.

En effet, sur le point d'être incorporé en octobre 1973 et souhaitant profiter au maximum de mes dernières semaines de liberté, nous décidâmes avec Gérard G., surnommé « GG », l'un de mes grands amis de lycée avec qui je faisais par ailleurs de la musique, de nous offrir un « *road trip* », un périple en voiture pendant les deux mois d'été… jusqu'en Afghanistan !

Un tel projet aujourd'hui serait non seulement absurde, mais totalement inenvisageable, compte tenu des tensions internationales dans cette région du monde, mais également parce que certains pays que nous nous proposions de traverser connaissent aujourd'hui la guerre.

En ce début juillet 1973, une telle aventure n'était certes pas dénuée de risques, mais ils étaient d'ordre différent : notamment liés à la pauvreté du réseau routier, aux villages très reculés que nous devrions traverser, et aux écarts très importants de température. Après examen attentif des cartes et éléments divers dont nous disposions et une fois passé la frontière italienne, les routes traversant la Yougoslavie en longeant la côte n'avaient rien à envier à certaines pistes africaines qui, quelques années plus tard, feraient les beaux jours du Paris-Dakar. C'est pourquoi nous avions passé plusieurs semaines à modifier ma Simca 1000, encore très cabossée par mes tonneaux de l'année précédente, en une sorte de véhicule tout-terrain. Nous y avions investi une grande partie de nos économies, mais ne le regretterions pas, car le résultat était à la hauteur de nos espérances : le toit bosselé lui conférait un côté « aventure » qui nous plaisait bien, les larges bandes de peinture noire ajoutées sur chacune des ailes ajoutaient un zeste de sportivité. Quatre pneus neufs et nous étions prêts pour affronter tous types de macadams et autres revêtements. Afin de rassurer mes parents, nous avions souscrit la meilleure assurance. De l'incident mécanique à la blessure accidentelle, en passant par la perte de nos papiers d'identité, nous étions couverts. La seule condition, qui nous fit d'ailleurs sourire compte tenu de notre très lointaine destination, était de nous trouver au moins à cinquante kilomètres de notre point de départ ! C'était si ridicule que nous y prêtâmes à peine attention.

Un matin de juillet, alors que Joël, un troisième larron, s'était joint à nous à la dernière minute, nous passâmes la porte d'Orléans. Après une bonne trentaine de kilomètres, ayant pris le premier relais, je doublais allègrement nombre de véhicules. À la radio, Gérard Lenorman chantait « À la porte d'Italie, on commence le voyage… ». Nous reprenions à tue-tête le refrain, issu du titre « Si tu ne me laisses pas tomber ». Tout se déroulait donc pour le mieux, d'autant qu'un magnifique soleil s'était joint à notre trio. Nos vacances, placées sous le signe de la découverte et de l'aventure, débutaient sous d'excellents auspices.

Soudain, alors que nous dépassions d'autres véhicules sur la file de gauche, je vis dans mon rétroviseur une épaisse fumée noire s'échapper de l'arrière de notre voiture. Non seulement nous perdions rapidement de la vitesse, mais ma pédale d'accélérateur s'enfonçait dans le vide. J'avais tout juste assez d'élan pour atteindre la bretelle de sortie. Notre voiture, dont nous avions tant pris soin, que nous avions préparée avec tant de passion et de minutie, que nous avions bichonnée, venait, après un dernier toussotement, de rendre l'âme.

Durant quelques minutes, nous avons bien tenté de croire qu'il s'agissait d'un malentendu et que notre capricieux moteur, après quelques instants de repos, allait repartir au quart de tour. Hélas, il n'en fut rien ! Nous devions apprendre un peu plus tard que nous venions de « couler une bielle ». Nous nous trouvions très précisément à la bretelle de sortie Évry-Zone industrielle, à une trentaine de kilomètres de Paris, ce que ne manqua pas de nous faire remarquer avec insistance l'assureur que nous venions de contacter par téléphone !

— Hélas, monsieur Risoli, vous êtes trop proche de votre point de départ pour que la police d'assurance souscrite auprès de nos services couvre le rapatriement de votre véhicule… Bonne journée, monsieur Risoli.

Nous nous efforçâmes de conserver notre humour, mais ce « Bonne journée, monsieur Risoli ! », tellement ironique, avait d'autant plus de mal à passer qu'il soulignait un peu plus le ridicule de la situation.

C'est donc à nos frais, engloutissant ainsi une partie de notre budget, que notre Simca 1000 fut remorquée dans un garage d'abord, le temps de décharger nos bagages, puis, non sans une certaine émotion… emmenée à la casse !

C'est depuis cette mésaventure que je demande impérativement à bénéficier, pour chacun de mes nouveaux contrats, de l'option zéro kilomètre.

Après ce fiasco, je dois admettre que nous n'étions pas très fiers. Nous avions le moral à zéro, mais, surtout, nous n'avions aucun « plan B ».

C'est alors, contre toute attente, que mon père se manifesta. Lui qui n'avait jamais cédé son volant à quiconque me proposa, ni plus ni moins, de nous prêter sa voiture le temps de notre très lointaine escapade. Il venait tout juste de l'acheter d'occasion : une Chrysler 180 vert bouteille, toit en cuir noir ! Nous nous pinçâmes pour être sûrs de ne pas rêver et acceptâmes sa proposition sur-le-champ, de peur qu'il ne change d'avis dans la seconde. Ce qu'il ne fit pas.

Je crois pouvoir dire, avec le recul et sans aucunement dévaloriser la proposition de mon père, que personne ne croyait véritablement au réalisme de notre projet, encore moins à son succès final… sauf nous, bien entendu !

Nous prîmes donc la route avec assez peu de retard sur notre « carnet de voyage », nous relayant, mes deux camarades et moi, afin de traverser la Suisse, puis l'Italie d'ouest en est d'une seule traite, sans dormir, jusqu'à l'actuelle Slovénie, puis le long de la superbe côte de la Croatie, alors partie intégrante de la Yougoslavie, où notre aventure faillit tourner au drame.

En effet, dès notre première étape, nous entreprîmes de séduire deux charmantes jeunes filles avec lesquelles nous avions le plus grand mal à communiquer. L'une d'elles, alors que nous étions enlacés sur la plage, nous confia, presque dans un éclat de rire, que son mariage devait être célébré la semaine suivante. La mer, le soleil, la très agréable plage ajoutant à l'euphorie, nous ne prîmes pas cette information très au sérieux, n'étant d'ailleurs pas certains d'avoir bien compris ses propos. Une erreur que nous avons failli payer cash, le petit matin venu. C'est en effet le moment que choisit son futur époux pour faire son apparition ! Accompagné de quelques-uns de ses amis, son intention n'était visiblement pas de nous souhaiter la bienvenue. Aussi, afin d'éviter un choc frontal qui n'aurait pas tourné à notre avantage, c'est à la course à pied que nous préférâmes montrer nos aptitudes... Nous nous précipitâmes donc dans la voiture où Joël, encore dans un profond sommeil sur la banquette arrière, mit un petit moment à comprendre pourquoi nous démarrions si vite ! Son seul commentaire, après avoir pris connaissance des faits, fut :

— Les mecs, vous êtes vraiment des grands malades !

Au fur et à mesure que nous avancions vers l'est, la chaleur intense devenait très pesante, les routes se détérioraient à vue d'œil, et la voiture de mon père également. C'est juste après la très attachante ville de Dubrovnik, qui surplombe la mer Adriatique, que nous avons perdu le pot d'échappement, et qu'il devint impossible de passer inaperçus. Notre rêve se transformait progressivement en cauchemar !

Nous continuâmes néanmoins notre périple jusqu'à la frontière turque. Pour comprendre, tant le réseau routier était désastreux, qu'il nous serait impossible de rouler jusqu'à Kaboul sans risquer de pulvériser notre voiture, inappropriée pour ce genre de parcours. Nous fîmes rapidement le point, et convînmes qu'il semblait plus prudent de rebrousser chemin. Après tant de péripéties et d'émotions, il nous semblait toutefois incongru de rentrer « à la maison » et d'avouer notre nouvel échec à nos amis, nous qui étions partis en conquérants ! Amis qui n'avaient d'ailleurs pas souhaité se joindre à nous, jugeant, sûrement avec raison, que notre périple, aussi séduisant fût-il sur le papier, présentait des risques que nous ne semblions pas mesurer avec le discernement nécessaire.

L'idée folle d'aller les rejoindre fit très rapidement son chemin dans nos esprits vagabonds – ceux de Gérard et du mien, du moins, car Joël, sans doute lassé de nos extravagances géographiques, décida de jeter l'éponge dès notre retour à Paris. Ce nouveau projet avait de quoi désorienter : nous étions à Istanbul, alors que les trois camarades que nous souhaitions rejoindre au plus vite se trouvaient à Plymouth, dans le Devon, au sud-ouest de l'Angleterre ! Un changement de cap tout aussi radical que le changement de climat. Dans ces conditions, il faudrait rendre sa voiture à mon père, à moins qu'il ne nous croie toujours en route vers le Moyen-Orient...

C'est ainsi que, tel le Petit Poucet, je semai non des cailloux mais des cartes postales sur le chemin du retour, confiant le soin aux inconnus qui m'inspiraient confiance, et moyennant quelques pièces de monnaie, de les envoyer tous les trois jours à mes parents.

Dernière péripétie : après avoir déposé Joël à Paris, nous nous rendîmes compte que j'avais oublié mes papiers à la douane suisse ! Ce nouveau rebondissement nous contraignit à un aller-retour express en Suisse, mais il ne changea en rien notre décision de rallier Calais.

Inutile de préciser qu'en passant quelques jours plus tard par Grandvilliers, à sept kilomètres précisément de notre maison familiale de l'Oise, nous n'en menions pas large ! Et si nous avions croisé mes parents en train de faire leurs courses ? Ce ne fut heureusement pas le cas et nos trois camarades éberlués nous virent donc débarquer un beau matin dans leur caravane de location. Nous passâmes tous les cinq une fin de vacances au Stamford Fort de Plymouth, destination certes moins dépaysante, mais… comment dire… tout aussi pimentée !

Cette aventure aurait pu s'arrêter là, et mon père ne jamais connaître le fin mot de l'histoire, ou seulement bien plus tard. Mais nous avions pris soin dès notre arrivée en Angleterre de faire changer le pot d'échappement, de débosseler une aile et de supprimer des petites rayures çà et là, sans savoir que la plus importante d'entre elles n'était pas de notre fait ! Je vous laisse imaginer l'étonnement de mon père qui, pendant notre absence, avait pris rendez-vous avec un garagiste en vue de faire réparer sa voiture !

Une collection de 45 tours

24 décembre 1965.

Il n'était pas loin d'une heure et demie du matin, nos convives nous avaient quittés depuis moins d'une trentaine de minutes lorsque mon cousin, Gérard, fit son apparition. Il vivait avec nous depuis la fameuse dispute familiale en Bretagne, quelques années auparavant. S'il n'était pas présent ce jour-là, c'est bien lui qui était au centre des débats, illustrant ainsi les difficultés parfois insurmontables que rencontrent certaines familles recomposées. En conflit permanent avec son beau-père, second mari de sa mère qui ne l'avait jamais accepté, au point d'exercer quelques violences à son égard, il avait préféré quitter le domicile familial à seize ans pour vivre auprès de Louise, notre grand-mère maternelle, donc avec mes parents, mon tout jeune frère et moi.

*

Les dix années qui nous séparaient ne nous empêchaient pas d'être complices, même si, compte tenu de cet écart d'âge, nous ne partagions que très peu d'activités. Quoiqu'il n'en laissât rien paraître, la séparation d'avec sa mère, qui lui avait préféré son second mari, l'avait en réalité profondément blessé. N'ayant de surcroît pas connu son géniteur, l'ensemble constituait un fardeau lourd à porter au quotidien, même si mes parents s'occupaient de lui comme de leur propre fils.

Il avait sa bande de copains qu'il retrouvait chaque soir près de la mairie du XVIIIe, place Jules-Joffrin, dès qu'il quittait l'imprimerie où mon père lui avait trouvé un premier emploi. Il dînait ou non avec nous au gré de ses humeurs ou de sa disponibilité, ce qui ne l'empêchait pas d'avoir quotidiennement sa place et son assiette réservées. Aussi avait-il droit de temps à autre à un rappel à l'ordre lui signifiant qu'il n'était pas à l'hôtel et qu'il devait au moins prévenir de ses absences. Rien de bien méchant, et c'est pourquoi il continuait à mener cette vie parallèle, tout en étant parfaitement admis. Je l'enviais parfois de pouvoir sortir et rentrer selon son bon vouloir, aller au cinéma le soir, lire des magazines que je n'avais pas le droit d'acheter, mais qu'évidemment je dévorais en cachette, se procurer tous les 45 tours en vogue, fumer, s'acheter pantalons et chemises à son goût, et côtoyer les jeunes filles de son âge, qui ne montaient jamais à la maison, mais qui l'attendaient devant la grille de notre immeuble car il était plutôt beau garçon.

J'admirais cette soif d'indépendance que je devais confondre un peu avec la liberté dont il jouissait, sa lointaine ressemblance avec James Dean, accentuée par sa façon de s'habiller, ce caractère affirmé, moi qui avais dû batailler pour que ma blouse d'écolier ne soit pas grise, mais en toile de jean un peu plus moderne, gagner le droit de lire un quart d'heure le soir avant l'extinction des feux, arborer une coiffure autre que la traditionnelle coupe en brosse réservée aux jeunes garçons. Je m'inspirais sans doute trop de son côté un peu rebelle, ce qui me valait parfois quelques points en moins sur mon bulletin scolaire et déclenchait le courroux de mon père ; aussi, je préférais toujours que ce soit ma mère qui signe mon carnet de correspondance.

C'est sûrement grâce à cette cohabitation que je crois avoir une connaissance solide de la musique de ce début des années 1960, notamment de celle destinée à un jeune public que ne diffusaient pas encore les quelques stations françaises. L'accordéon régnait en maître, notamment le matin sur les radios dites périphériques, car leurs émetteurs se situaient hors de France. À croire que les boulangers, voire les maraîchers se fournissant aux Halles de très bon matin étaient allergiques à toute autre forme de musique que les fameux « Perle de cristal » et autres « Reine de musette » qui permettaient aux Yvette Horner et André Verchuren de faire briller leur virtuosité à l'accordéon.

Loin d'imaginer qu'un jour de simples applications comme Deezer ou Spotify déverseraient des flots de titres à la demande, Gérard était mon pourvoyeur de musique en tout genre, un peu à son insu, car il n'aimait pas trop que je touche à sa collection de 45 tours. Je mémorisais donc l'emplacement de chacun d'eux avec précision et, dès qu'il était parti travailler, je retrouvais Elvis Presley, Eddie Cochran, Buddy Holly et les autres, jusqu'à son retour.

Certaines pochettes sont restées gravées dans ma mémoire : *Take Five* de Dave Brubeck, très psychédélique ; *Girl from Ipanema*, orange et noire, de Getz et Gilberto en train de dessiner un portrait de femme ; *Le Cinéma* de Claude Nougaro… Jazz et rock faisaient bon ménage dans la discothèque de Gérard. Il lui arrivait de me demander mon avis sur une nouveauté, et si, d'aventure, je n'accrochais pas, il me disait :

— Normal, t'es encore trop p'tit !

Grand amateur de romans policiers, c'est également grâce à lui que j'ai découvert cette littérature et suis devenu un adepte de James Hadley Chase et de ses intrigues que je dévorais entre deux classiques.

Plus tard, Gérard s'installera dans une minuscule chambre, rue Chapon, dans le IIIe arrondissement de Paris. Très haute de plafond, mon père y installera une mezzanine pour en augmenter le confort. Lorsque, après son départ, je l'occuperai à mon tour pendant quelques mois, j'y découvrirai une inscription sur chacun des quatre murs : « LILI, JE T'AIME ! », surnom de la charmante jeune femme qu'il épousera, et avec qui il construira la famille qui lui avait tant manqué dans son enfance.

Par la suite, sans doute à cause d'un emploi du temps surchargé, nous nous verrons un peu moins, mais il ne manquera jamais de me donner à son tour son avis sur chacune des émissions que je présenterai à la télévision en début de carrière, sa préférence allant naturellement vers les émissions de variétés, notamment « La Nouvelle Affiche » sur FR3, en 1987.

Gérard sera emporté prématurément par un cancer fulgurant au début de la décennie 1990, alors qu'il venait tout juste d'avoir cinquante ans.

Je pense souvent à lui.

Clic Clac !

Nos invités partis, la soirée n'était pas terminée pour autant. Il restait encore à faire la vaisselle, sans machine évidemment, nettoyer, balayer, ranger... bref, remettre l'appartement dans l'état où il se trouvait avant les festivités. Dans le prolongement de notre réveillon, nous n'avons jamais considéré cette tâche comme une corvée ; au contraire, c'était l'occasion d'un débriefing à propos du repas, de nos invités et de la soirée en général, en comparaison des années précédentes. Si ces réveillons réunissaient chaque année sensiblement les mêmes personnes et semblaient identiques, ils étaient, au fond, très différents.

*

L'appartement n'étant pas immense, j'en profitais pour tenter d'identifier les paquets cadeaux qui m'étaient destinés. Je savais que je n'aurais pas d'appareil photo puisque mon parrain m'avait offert un petit Instamatic 100 avec flash incorporé à l'occasion de ma communion solennelle au mois de mai précédent. En un peu plus de six mois, j'avais d'ailleurs déjà une impressionnante collection de photos. Les tirages couleur ou noir et blanc engloutissaient une bonne partie de mon argent de poche, mais qu'importe, cette vision personnelle de mon entourage à travers ces images était devenue une véritable passion.

Plus tard, j'apprendrai à les développer moi-même dans mon minuscule labo, et resterai toujours fasciné par l'instant où s'opère le transfert d'image entre la pellicule et le papier photo sensible. Ce moment où apparaît un visage, un regard surtout, est magique ! C'est en effet au portrait que va ma préférence. Les joies, les peines, les sentiments, le parcours même sont souvent gravés sur un visage en filigrane. La photo peut parfois révéler au grand jour des émotions que le mouvement laisse échapper. Encore faut-il être présent, réactif et, surtout, équipé au moment opportun.

En cette rentrée 1979, mes deux licences en poche, je viens de commencer ma quatrième année de droit, celle qui conduit à la maîtrise, et simultanément, dans une aile de la même université Paris II plus connue sous l'appellation d'Institut français de presse, un second master graduellement équivalent, mais en sciences de l'information et de la communication.

Autant dire que j'ai un emploi du temps bien rempli et que chaque minute compte. C'est pourquoi, bien que n'ayant pas encore tout à fait quitté le cocon familial du XVIIIe arrondissement, je réside de plus en plus souvent dans une petite chambre proche de la faculté d'Assas, dans le VIe arrondissement. Je n'ai emporté que le minimum, quelques vêtements de rechange et mes polycopiés de droit qui, vu le nombre de matières étudiées, occupent une bonne partie de l'espace. Je ne dois pas oublier ma cafetière électrique, en marche quasi permanente comme aux États-Unis, pour mes longues soirées de révision. Pour le reste, je pioche au fur et à mesure de mes besoins chez mes parents, dont le domicile est resté mon camp de base.

C'est ainsi que le vendredi 2 novembre 1979, profitant du pont de la Toussaint, je décidai de retourner boulevard Ney chercher la sacoche renfermant mon tout nouvel appareil photo Reflex équipé de quatre objectifs : un « 50 », objectif standard qui vous donne à peu près la même vision que l'œil nu, un 28 mm grand angle, un 300 mm pour espionner de loin et jouer les paparazzi, enfin un 135 mm, mon préféré, réservé aux nombreux portraits qui composaient la majorité de mes albums. Sans oublier un flash électronique que j'avais choisi multidirectionnel, très puissant mais bien trop lourd et encombrant pour le quotidien, une série de filtres et bien entendu une bonne dizaine de pellicules couleur et noir et blanc de sensibilités variées.

La ligne 4 du métro parisien, porte d'Orléans-porte de Clignancourt, reliait directement mes deux lieux de vie en vingt-cinq minutes. Anne, ma future femme, rencontrée sur les bancs de la faculté, m'accompagnait déjà ce jour-là. Après le déjeuner, nous prenons donc le métro à la station Odéon en nous questionnant, comme nous aimions le faire, sur nos matières respectives. Le but étant de tester mutuellement nos connaissances, mais aussi, sous forme de jeu, de nous coller malicieusement.

Au terminus porte de Clignancourt, nous ne sommes plus qu'à quelques marches de l'air libre et de la grande place traversée par le boulevard extérieur lorsqu'une série de fortes détonations retentit. Alors qu'une majorité de voyageurs rebrousse chemin dans un mouvement de panique, s'engouffrant à nouveau dans la bouche de métro, nous restons médusés, Anne et moi, cloués sur place, accroupis sur la quatrième marche avant la sortie, les yeux au ras du bitume. Nous avons tout juste le temps d'apercevoir une femme sortir d'une voiture, s'arrêter au centre de la place et revenir en courant vers Paris *intra muros*. Elle tient un petit chien dans les bras, hurle quelques mots que nous ne comprenons pas, puis s'effondre tel un château de cartes.

L'impressionnante fusillade – car il s'agissait bien d'une fusillade – n'a duré que quelques secondes, mais elle nous aura semblé une éternité. Nous nous dévisageons Anne et moi, mais ni l'un ni l'autre ne saisissons d'emblée la matérialité de la situation. Était-ce le tournage d'un film auquel nous avons assisté ? Apparemment non, car la scène semble bien réelle. La voiture est toujours là, immobilisée au milieu de la place, à l'arrêt… criblée de balles. Juste devant elle une camionnette, à l'arrêt elle aussi, recouverte d'une bâche, et des hommes en blouson qui tournent autour du véhicule au volant duquel le conducteur semble endormi, la tête sur le volant. Le dormeur du val d'Arthur Rimbaud dormait la bouche ouverte, deux trous rouges au côté droit. Le nôtre en a bien plus, une quinzaine au moins, apprendra-t-on aux informations. Mais qui est-il et pourquoi est-il mort ? Nous n'avons eu que quelques dixièmes de seconde pour l'apercevoir, car un flot de personnes encercle déjà la voiture, des hommes en bonne condition physique, semble-t-il. Impossible d'approcher.

Une seule certitude, aucune caméra dans notre champ visuel. Il ne s'agit donc pas d'un tournage, même si le scénario au dénouement duquel nous venons d'assister en temps réel semble avoir été réglé avec la précision d'un horloger suisse !

Plusieurs noms commencent désormais à circuler quant à l'identité de la victime, mais celui qui revient le plus souvent est associé à l'ennemi public numéro un de l'époque : Jacques Mesrine !

Il nous faudra faire preuve d'un peu de sang-froid afin d'avancer de quelques mètres, sans nous faire immédiatement refouler par le cordon de sécurité sur le point de se mettre en place, et pour en obtenir la confirmation. Nous resterons ensuite sur place une bonne vingtaine de minutes, le temps pour les radios et télévisions d'envoyer leurs journalistes sur le terrain, sans vraiment comprendre que nous venons d'assister à une scène unique dans l'histoire de la Ve République.

Un tel événement ne pourrait sans doute jamais plus se reproduire, en plein jour, au beau milieu de la foule. N'importe quel passant muni d'un smartphone se transformerait en reporter amateur, filmerait toute la scène et contacterait en quelques secondes l'une de nos chaînes d'information en continu, comme cela se fait aujourd'hui couramment. Autant d'angles de prises de vues que de témoins oculaires ! Imaginez, dans ces conditions, le scandale d'un homme abattu en pleine rue sans autre forme de procès, et qu'à cet instant il ne se montrait pas menaçant ?

Et dire que mon encombrant matériel photo ne se trouvait qu'à moins de cinq cents mètres de là ! Je me suis souvent demandé si j'aurais eu la présence d'esprit d'appuyer sur le déclencheur dès les premières détonations, tant la surprise fut grande. En aurais-je eu l'envie ? Qui aurais-je souhaité photographier : cet homme écroulé sur le volant de sa voiture, cette femme affolée (Sylvia Jeanjacquot, que l'on identifiera comme étant la dernière compagne de Mesrine) qui hurlait, ou, un peu plus tard, les visages de tous ceux, policiers, journalistes ou passants, qui gravitaient autour du véhicule ? Je crois qu'au fond ces derniers m'intéressaient plus, traduisant peut-être encore mieux le drame qui venait de se jouer, tout en constituant le témoignage fort d'une époque révolue.

L'homme abattu ce jour-là était sans aucun doute un criminel, mais sa condamnation fut expresse et sans appel, son exécution pour le moins expéditive.

Par la suite, j'ai emprunté cette ligne de métro des centaines de fois. Et même si, avec le temps, les images sont devenues floues dans mon esprit, les coups de feu résonnent toujours aussi nettement dans ma tête. Peut-être est-ce parce que je ne possède aucune image personnelle de cet événement qui défraya la chronique de nombreuses semaines durant que, dès lors, mon appareil photo ne me quitta plus.

Galop d'essai !

Noir et blanc, couleur, je m'exerçais alors aux dépens de tous les membres de ma famille, des plus jeunes aux plus anciens. Dès que l'un d'eux me rendait visite, il avait immédiatement droit à sa séance photo, vingt-quatre ou trente-six poses selon sa disponibilité. De très classiques, mes portraits devinrent plus stylisés, plus personnels. Un œil, un morceau d'oreille, un flou travaillé, un visage décalé, le résultat ne manquait jamais de surprendre ceux qui m'avaient gentiment donné de leur temps.

— C'est tout moi, me dit un jour un ami avec humour. Ce demi-visage souligne que je ne fais souvent les choses qu'à moitié !...

Je revins néanmoins à une approche plus classique après ma rencontre avec la comédienne Marthe Mercadier.

C'est Frank Peyrinaud, un camarade de fac, qui avait fait le premier sa rencontre. Bien qu'encore étudiant, il remplissait auprès d'elle un rôle important de secrétaire-conseil, une façon de faire ses armes avant de devenir un attaché de presse qui compte encore aujourd'hui dans le milieu artistique. C'est lui qui avait présenté notre petit groupe d'amis de fac à Marthe, qui, j'en suis convaincu, appréciait d'avoir le regard d'une nouvelle génération sur ses choix, ce qui lui procurait un regain de dynamisme, elle qui était déjà très active.

Pour ma part, je faisais office de photographe. Je l'accompagnais sur les plateaux de télévision et dans les studios de radio. Il lui arrivait, quand elle en avait la possibilité, de glisser quelques mots élogieux à mon égard aux divers professionnels que nous rencontrions. Ce qui n'aura eu, au fond, aucun effet concret, excepté celui de me booster le moral, et de confirmer mon désir de construire une carrière dans ce monde de la radio et de la télévision.

J'enchaînais les photos et les rencontres entre deux TD (travaux dirigés à la fac). Curieusement, c'est à Europe 1, où elle m'aura convié le plus souvent et où j'aurai fait le plus de rencontres intéressantes, que je n'aurai jamais travaillé. C'est pourtant là, du fond du studio public de la rue François-Ier où, dès 11 heures du matin, Jacques Rouland et Robert Willar présentaient quotidiennement le « Sweapstake », puis cédaient la place à Pierre Bellemare, Jean-Paul Rouland et Harold Kay, qui enchaînaient avec le « Sisco » jusqu'à 13 heures, que je photographiais tous les intervenants, mais surtout que j'observais, décryptais, écoutais très attentivement. Aucun détail ne m'échappait, je n'en perdais pas une miette.

Mon appareil photo, c'était mon alibi, mon laissez-passer dans un univers qui, jusque-là, m'avait semblé inaccessible. Après quelques mois, je me sentais prêt, mais mon heure n'était pas encore arrivée, et je souhaitais en premier lieu terminer mes études de droit. Il n'empêche que, plus tard, je travaillerai avec ou pour certains d'entre eux (Pierre Bellemare notamment) et ne manquerai pas de leur raconter nombre d'anecdotes dont ils ne pouvaient certainement pas se souvenir.

Je continue à prendre des photos encore et toujours, mais j'avoue regretter le passage de l'argentique au numérique. J'aimais me retrouver seul dans la chambre noire afin d'assister à la naissance de l'image dans un espace calme et serein. L'instantanéité a malheureusement effacé cette étape et l'effet de surprise qui l'accompagnait. La miniaturisation, la simplification à l'extrême, l'automatisation ont, en contrepartie, permis au plus grand nombre de prendre de jolies photos, d'autant que la peur de gâcher de la pellicule n'existe plus. Je regrette cependant le temps où j'expliquais à ma petite amie que le diaphragme jouait le même rôle que la pupille de l'œil, mais que, paradoxalement, plus le nombre d'ouverture est petit et plus l'ouverture est grande. Époque en apparence révolue, sauf bien entendu pour ceux qui en ont fait leur métier.

Je ne peux m'empêcher de penser à ma grand-mère en écrivant ces lignes. J'imagine sa stupeur si elle avait appris que, de nos jours, on prend majoritairement des photos avec son téléphone portable, acheté parfois le jour même. Elle qui, après en avoir fait la demande, dut attendre plusieurs années avant que ce gros bloc noir relié à une prise murale – une télévision – soit installé dans un coin de la chambre de mes parents.

— Le téléphone pour prendre des photos ? Et pourquoi pas une voiture électrique ?

Avec ou sans ivresse !

Mon intuition était exacte, pas d'appareil photo pour ce Noël 1965. Heureusement.

Je remarquai que le verre de vin destiné au Père Noël était toujours intact. Il est vrai que dans le premier cercle de ma famille, on buvait peu d'alcool, excepté peut-être mon grand-père paternel qui, dans mon souvenir, semblait toujours traîner une sorte de mélancolie.

Était-ce la conséquence d'un exil jadis forcé, ou plutôt celle de son travail exténuant dans les caves et entrepôts de Bercy où alcools en tout genre étaient stockés ? Toujours est-il qu'il allait jusqu'à verser un bon verre de vin dans son minestrone, faisant « chabrot », selon une coutume fort répandue entre l'Auvergne et le Sud de la France, peut-être même jusqu'en Italie du Nord, à ceci près que lui n'attendait pas la fin de son potage pour s'adonner à cette pratique !

Nous buvions donc peu d'alcool, plutôt réservé aux jours de fête : Noël, Saint-Sylvestre, anniversaires, ou quand nous avions des invités à la maison, ce qui restait exceptionnel.

*

Les journées de travail étaient longues et ma mère n'avait pas le cœur à recevoir dans un appartement qu'elle trouvait trop exigu et peu confortable. Elle avait raison. Si nous y vivions heureux, cet appartement manquait de surface et surtout de confort moderne. Pas le moindre fauteuil ou canapé, uniquement des chaises resserrées autour de la table. Autrement dit, aucun endroit accueillant pour souffler, se détendre un peu au retour du travail.

Il me faudra de surcroît attendre l'âge de vingt-cinq ans pour connaître le plaisir de prendre une douche ou me relaxer dans un bain chaud. Nous n'avions en effet qu'un seul évier, surmonté d'un petit chauffe-eau, au milieu d'un mur dans un renfoncement de la cuisine, heureusement spacieuse. Nous y faisions, selon les horaires, vaisselle ou toilette, un simple rideau permettant de passer de l'une à l'autre. Enfant, je prenais chaque dimanche matin un simili-bain dans une baignoire en plastique jaune au milieu de la cuisine, centre névralgique de notre appartement. C'était précisément ce jour-là que mes oncles et tantes choisissaient pour venir embrasser ma grand-mère. Mon bain dominical ne semblait déranger personne, je n'avais même pas, le plus souvent, la sensation d'être vu. Les discussions allaient bon train, tandis que je pataugeais et éclaboussais à tout-va sans que personne s'en aperçoive, comme si une sorte de paroi invisible nous isolait les uns des autres.

Jusqu'au jour où la présence de ces « sympathiques » intrus à l'heure de ma toilette finit par me gêner. L'âge venant, je commençai par changer mes horaires de toilette et abandonnai définitivement la baignoire jaune, devenue trop exiguë. J'émigrai donc vers l'évier, solution qui requérait, pour se laver entièrement, l'art de la contorsion et la souplesse d'un gymnaste surentraîné !

Un petit appartement, peu d'invités, hormis les quelques habituels du dimanche matin, ainsi qu'une unique cave sans électricité qui avait souvent servi de refuge à ma famille pendant la Seconde Guerre mondiale, et qui renfermait notre réserve de charbon et de bois pour l'hiver, justifiaient donc l'absence d'une réserve substantielle de vin.

De plus, s'offrir des « bonnes bouteilles » n'était pas à la portée de toutes les bourses. La préférence allait plutôt aux vins de table, plus accessibles. Ils avaient pour nom Gévéor, Préfontaine ou encore Postillon, lorsqu'ils n'étaient pas sans étiquette, « à la tirette », donc sans aucune indication de provenance ni de fabrication. Nous étions à des années-lumière de ce fameux petit goût de fruits rouges dominé par des notes de fraise ou de cassis, souvent mis en avant par nos cavistes modernes ! Bien loin de ce vocabulaire imagé, notre « tirette » à nous rimait à juste titre avec « piquette » !

L'une de mes missions attitrées était de remonter de temps à autre les bouteilles achetées au Paris Médoc qui tenait lieu de cave à vins au coin de la rue. Trop lourdes pour les bras frêles de ma grand-mère qui se chargeait du reste des commissions, les bouteilles consignées devaient être ensuite rapportées au même endroit, *idem* pour les bouteilles de lait. Nous étions, sans en avoir conscience, très avant-gardistes en matière d'écologie et de sauvegarde de la planète, en nous pliant simplement à des règles de vie qui nous semblaient naturelles.

Certains semblent s'en inspirer aujourd'hui en remettant la consigne au goût du jour, mais pour les bouteilles en plastique.

À quelques très rares exceptions, je n'ai moi-même jamais consommé d'alcool, ce qui continue à surprendre. Lorsqu'il m'arrive de dire qu'encore aujourd'hui je ne connais pas le goût du whisky, je laisse mon interlocuteur perplexe… Tout juste ai-je bu quelques gorgées d'un bon cognac pour m'aider une nuit à oublier une rage de dents aiguë. Un petit fond de flûte d'*asti spumante* en guise de porte-bonheur le premier jour de l'année chez mes grands-parents paternels, un ou deux gins noyés dans du tonic durant mes années d'étudiant, non par goût, mais pour donner le change et, soyons fou, dix bonnes bouteilles de vin distillées au compte-gouttes en… cinquante ans !

Non seulement l'alcool ne me manque pas, mais les très rares fois où j'y ai goûté, il ne m'a procuré aucune sensation d'euphorie particulière. Je n'en ai d'ailleurs jamais ressenti le besoin pour me sentir très « en forme », le temps d'une soirée. Bien au contraire, mes quelques tentatives en la matière m'ont systématiquement conduit au résultat inverse. Yeux lourds, bouche pâteuse, maux de tête ont souvent accompagné les quelques centilitres d'alcool absorbés dans l'unique but de ne pas froisser mes hôtes à l'occasion d'un dîner.

Paradoxalement, j'apprécie pourtant de descendre dans ma cave vérifier la bonne conservation des bouteilles que je compte servir à mes invités. C'est un moment unique où, dans une ambiance tamisée et silencieuse (qui n'est pas sans me rappeler l'ambiance de la chambre noire que j'ai eu l'occasion de décrire plus haut), je reste seul face aux flacons, je les observe dans un silence extrêmement relaxant.

Un réel plaisir.

Je vérifie la température ambiante, le degré d'hygrométrie, je fais parfois pivoter minutieusement certaines bouteilles d'un quart de tour, sans être foncièrement convaincu que cette modeste manipulation ait un quelconque effet sur la bonne conservation du contenu, mais cela me laisse toujours l'impression de mieux connaître chacune des bouteilles.

Le fait de ne pas consommer d'alcool interpelle. Il est de bon ton de boire, comme cela l'était de fumer il y a une vingtaine d'années, lorsque les deux n'étaient pas tout bonnement associés ! Le regard de l'autre est souvent inquisiteur, parfois méfiant, et toujours interrogateur. « Cela doit cacher quelque chose, ce n'est pas normal. » J'ai souvent l'impression de vivre la pub de la Sécurité routière, mais en inversant le slogan fameux : « Tu t'es vu quand t'as pas bu ? »

À ce propos, il m'est parfois arrivé, comme la majorité des conducteurs, de subir un test d'alcoolémie à l'occasion d'un contrôle routier en fin de soirée. Lorsque vous dites au policier qui vous a demandé de souffler dans l'alcootest qu'il est normal que celui-ci reste bloqué sur zéro puisque vous ne buvez pas, vous décelez immédiatement la méfiance dans les yeux de celui qui vient de pratiquer le contrôle. Un soir, le gendarme a même émis l'hypothèse que le résultat enregistré n'était que la conséquence du dysfonctionnement de son appareil !

« On n'est forcément pas drôle quand on ne boit pas. » J'aimerais lire les copies des jeunes lycéens qui auraient, pourquoi pas, à commenter cette phrase lors de l'épreuve de philosophie le jour du bac !

Trouverions-nous des points de convergence entre l'alcool et la notion de fête ?

Si, d'aventure, on ne peut pas faire la fête lorsque l'on s'abstient de boire, il semble qu'aujourd'hui il y ait encore plus grave lorsqu'on est abstinent : selon certains, on ne respecte pas la planète et l'on se moque du devenir de nos petits-enfants. « Tu bois trop d'eau, tu te rends compte de la quantité de plastique que tu utilises ? », me suis-je entendu reprocher récemment. Moi qui suis un adepte du tri sélectif, je me rends parfaitement compte que je consomme environ 1,5 litre d'eau quotidiennement, soit une grande bouteille qui, si la chaîne ne comporte aucun maillon faible, sera... recyclée ! Je n'ai donc aucun état d'âme à ce sujet.

Si le vin était consommé en quantité très raisonnable chez mes parents, ce n'était pas le cas de la cigarette. Blondes pour ma mère, brunes pour mon père et mon cousin, Gérard. Les paquets de Winston rouges flirtaient sans cesse avec celui des gitanes bleues ! Les volutes de fumées planaient dans l'appartement, se gondolant voluptueusement au gré des courants d'air, décrivant de grands nœuds volubiles qui s'évaporaient ensuite aussi délicatement qu'ils étaient apparus.

Si mon père contrôlait sereinement sa consommation et, n'étant en aucun cas « accro », cessa définitivement de fumer le jour de son cinquantième anniversaire, pour maman, en revanche, tout était prétexte à allumer une cigarette : au moment du café, en décrochant le téléphone, en regardant un film à la télévision ou en lisant un livre, en jouant aux cartes, en voiture, en me faisant réviser mes oraux de droit la veille des examens… Chacune de ces occasions ou presque était ponctuée par le petit bruit caractéristique de l'allumette qui s'enflamme ou celui de la molette qui gratte sur la pierre à briquet ! Contrairement à son mari, ma mère n'émettra jamais le souhait de stopper sa consommation excessive de tabac.

De retour de mon service militaire où l'on m'avait généreusement initié, entrant à la faculté, j'ai fini par marcher sur ses traces. Le stress des examens, conjugué aux soirées festives de fin de semaine, a décuplé mon attrait pour la cigarette, me donnant par la suite et pour de longues années une attitude « gainsbourienne », allumant parfois la nouvelle venue avec le mégot encore chaud de la précédente. L'aile gauche du majeur de ma main droite était devenue l'exacte réplique du côté droit de l'index de cette même main, jaunie par la nicotine ! J'avais bien sûr tenté, comme tout grand fumeur, d'atténuer ces taches disgracieuses en frottant les deux doigts incriminés avec du dentifrice ou de la pomme de terre, en les plongeant même dans du jus de citron, mais à cause de ma cadence effrénée, ces tentatives restèrent vaines. Des amphis de la fac aux plateaux de télé, il était devenu rare de me croiser sans ce petit artifice à la main, d'autant que les interdictions n'avaient pas encore fait leur apparition, bien au contraire. Lucky Luke ne gardait-il pas en permanence une cigarette solidement coincée à la commissure des lèvres ? Michel Piccoli ne fumait-il pas encore au volant de sa voiture en faisant ses tonneaux dans *Les Choses de la vie*, magnifique film de Claude Sautet ? Inimaginable de penser à Bogart sans sa clope dans *Casablanca*, *idem* pour Jack Nicholson dans *Chinatown*, même avec un nez cassé. Cette liste, bien loin d'être exhaustive, me fournissait tous les alibis possibles, si d'aventure j'avais eu à me justifier.

Fumer était donc, après les toussotements des débuts, devenu agréable, relaxant, déstressant, du moins en apparence. Moi qui avais reproché à ma mère d'en abuser, je m'adonnais maintenant bien plus qu'elle à cette dépendance... Durant les sessions d'examens, en périodes d'intenses révisions, je préférais même m'administrer des doses invraisemblables de collyres de toutes sortes dans mes yeux fatigués, irrités, desséchés et rougis par la fumée, plutôt que de réduire ma consommation. Mes amis se délectaient de mes récits sur le sujet lorsqu'il m'arrivait d'avoir parfois le contour des yeux bleuis par la succession excessive de bains oculaires.

Les mois, puis les années passèrent sans avoir raison de mon addiction, à laquelle je ne songeais d'ailleurs pas à me soustraire.

Durant mes années « Juste Prix » sur TF1, pour des questions de rentabilité, nous enregistrions cinq émissions d'affilée, six jours durant. Le temps de nous changer entre deux prises et nous étions, mon équipe et moi, à nouveau opérationnels.

— Silence plateau... Moteur demandé... Ça tourne ! hurlait notre premier assistant réalisateur.

Et c'était reparti pour une trentaine de minutes dans les conditions du direct. Cette dernière expression, bien connue des professionnels, signifie que, sauf incident, aucun « coupez ! » ne sera autorisé avant la fin de l'enregistrement.

De ce fait, je devais faire preuve de beaucoup d'ingéniosité pour réussir à en « griller une » dans ce timing très serré. Fort heureusement, la majorité de ceux qui m'entouraient fumaient également, ce qui me permettait de grappiller quelques minutes çà et là. Je profitais de la moindre panne technique pour tirer « une taffe ou deux », puis, n'ayant pas de cendrier à portée de main, j'éteignais ma petite clope sur la semelle de ma chaussure, et la glissais ensuite au fond de la poche de mon pantalon quelques dixièmes de secondes avant de reprendre le tournage. J'ai dû faire mécaniquement ce petit geste des centaines de fois sans incident et sans que personne n'y prenne garde, jusqu'au jour où une petite faute d'attention, alliée à la précipitation du moment, me conduisit à y glisser ma perfide « amie » mal éteinte ! Les longues minutes écoulées après la reprise avaient déjà effacé ce dernier geste de ma mémoire lorsque le minuscule bout demeuré incandescent toucha ma cuisse, non sans avoir dévoré le tissu de ma poche intérieure d'abord, celui de mon pantalon ensuite. Je ressentis brusquement, en haut de ma jambe droite, une douleur aussi insupportable que si plusieurs dizaines de guêpes, très énervées, s'étaient accordées à me piquer au même endroit ! Impossible de masquer ma souffrance à l'antenne, d'autant que mon pantalon se consumait maintenant généreusement et qu'un large trou rendait mon costume inutilisable. J'entends encore le cri que je poussai à cet instant, provoquant l'hilarité du public tout entier, croyant que j'étais en train d'improviser un petit numéro comique ! Inutile de préciser que le tournage fut interrompu sur-le-champ, m'obligeant, dans cet éclat de rire général, à changer de tenue en un temps record.

Accro à la cigarette, je n'ai, en revanche, jamais touché à d'autres drogues, si l'on excepte bien sûr à deux ou trois reprises le bon vieux « pétard » que tout lycéen qui se respecte se délectait de fumer en ce début de décennie 1970 dans nos « booms » du jeudi après-midi ou du samedi soir, en écoutant, l'air évaporé, l'album *Atom Heart Mother* des Pink Floyd, plus généralement surnommé « la vache », ou le plus perfide *Sympathy for The Devil* des Stones.

Dans ces après-midi et autres soirées festives, il était non seulement de bon ton, mais essentiel de fumer tout ce qui passait à portée de main. Un « tu fumes ? » déclamé avec une voix de velours pouvait même, dans certaines circonstances, se substituer avantageusement à un « tu danses ? », les filles n'ayant le plus souvent rien à envier aux garçons dans ce domaine puisque la parité était pratiquement de mise. Je n'irai pas jusqu'à affirmer que les non-fumeurs étaient pénalisés, mais il leur manquait ce petit supplément de charme que donnait aux plus malins la façon d'allumer ou de tenir leur cigarette, d'inhaler ou d'expulser la fumée sous forme de petits cercles, qui finissaient toujours par se diluer dans la pièce.

À mes tentatives non concluantes de tester les barrettes de « shit », il faut ajouter, une dizaine d'années plus tard, l'initiative perfide et sans doute aussi inconsciente qu'amicale de José, l'un de mes tout premiers réalisateurs radio en principauté d'Andorre qui, à mon insu, me fit inhaler un soir, dans un night-club réputé de la ville, une bonne dose de poppers !

— Vas-y, respire à fond ! me hurla-t-il près de la piste de danse que je venais tout juste de quitter exténué, en sueur, dans une pénombre découpée aux lasers, flirtant avec des milliers de décibels à l'état sauvage, excluant de fait toute forme de discernement.

Si l'effet fut instantané, ce ne fut pas du tout celui escompté. Au lieu de plonger dans un état d'euphorie et de relaxation intense, je fus comme tétanisé, avec la très désagréable impression que mon cerveau allait exploser. Un froid glacial m'emplit instantanément la tête, brouillant ma vue et bloquant ma mâchoire si violemment que je crus bien ne jamais m'en remettre. Fort heureusement, cet état second ne dura qu'un petit quart d'heure et n'eut pour unique conséquence que de gâcher ma soirée et, je l'avoue, de me fâcher momentanément avec José.

Cette parenthèse olfactive qui m'aura, je le concède volontiers, fait peur, très peur même pendant quelques minutes, aura au moins eu le mérite de me dégoûter à jamais de ce type de substances. N'ayant conservé aucun souvenir agréable de cette double expérience shit-poppers, ayant par ailleurs été témoin de la descente aux enfers de quelques-uns de mes amis ou collègues, je ne devais plus toucher à aucun produit illicite par la suite.

Mais je commettais l'erreur de ne pas considérer la cigarette comme une addiction. Pour preuve, l'absence d'interdiction, même si, les années passant, les mises en garde commençaient enfin à se multiplier, encore trop discrètes, toutefois, pour avoir un véritable impact sur les irréductibles dont je faisais partie.

Mon point de vue a évolué, mais il y a peu, on ne parlait ni d'accoutumance ni de tabagisme passif. Bien au contraire, les cigarettiers s'évertuaient à diversifier leur offre : light, extra-light, roulées, fines ou maïs, mentholées, avec ou sans filtre, mettant parfois en avant une moindre teneur en nicotine et en goudrons, mais toutes aussi nocives les unes que les autres. Je crois les avoir toutes essayées, les plus fortes par goût, les plus légères – sûrement plus perfides encore – pour me donner bonne conscience.

« Tout va bien, mon chéri »

Lorsque ma mère, encore très jeune, fut hospitalisée au tout début des années 2000, ce fut pour moi, indépendamment d'un immense choc émotionnel, l'occasion de constater les dégâts irréversibles causés par le tabac. Nombre de personnes, prématurément en fin de vie, défigurées par les traitements censés combattre leurs maux et alléger leurs souffrances, s'accrochent encore aux paroles bienveillantes de leurs proches, hélas aussi illusoires que réconfortantes. Le plus dur à vivre était sans doute cet état d'asphyxie auquel l'oxygène administré en permanence et à haute dose, passé un certain stade, n'apportait que le soulagement d'une survie illusoire.

Ses visites répétées au CHU d'Amiens, où elle était prise en charge, m'étaient de plus en plus insupportables. Le cancer des poumons est certes la pathologie qui vient instantanément à l'esprit quand on parle de tabagisme. C'est en tout cas celle que l'on redoute le plus, mais il en existe d'autres à l'issue tout aussi incertaine. C'est précisément le cas de l'emphysème, aggravé par le tabac, dont souffrait maman depuis quelques années déjà. Pourtant, ses difficultés respiratoires croissantes ne l'avaient pas conduite à cesser de fumer, comme d'ailleurs la majorité des personnes hospitalisées pour le même motif que j'ai eu l'occasion de croiser, et avec qui j'ai eu, parfois, le temps d'échanger quelques mots.

Il est vrai que l'annonce d'un emphysème, fût-il grave, ne provoque pas le même tsunami cérébral que le mot « cancer ». Ce dernier reste le plus souvent tabou, sans doute parce qu'il n'est pas une seule famille dont l'un des membres n'ait été touché, voire emporté par ce mal. Et je ne peux m'empêcher, en écrivant ces lignes, de penser très affectueusement à mon ami Jean-Pierre Pernaut, récemment disparu, et qui, frappé par cette maladie, n'aura eu de cesse, secondé par sa femme, Nathalie, de démystifier, voire de vulgariser ce mot afin qu'il fasse moins peur et qu'il n'altère en rien la volonté de se battre jusqu'au bout. Malgré de très nombreuses mises en garde, Jean-Pierre avouera publiquement :

— Je n'ai pas arrêté, j'ai été con !

Malgré une indiscutable vaillance, encore trop nombreux sont les combattants qui finissent par rendre les armes. Ce fut le cas de maman, avec qui j'avais tant échangé, et si souvent passé de longs moments à écouter ses conseils et ses observations toujours judicieuses, à l'évidence. Elle avait désormais le souffle si court qu'elle ne parvenait plus à prononcer un mot sans partir dans d'interminables quintes de toux qui me faisaient souffrir presque autant qu'elle.

Il n'y a, je crois, rien de plus terrible que cette sensation d'étouffement qu'elle m'aura si souvent décrite et dont, je l'avoue, je n'ai mesuré la gravité que trop tardivement. J'avais pourtant bien vu qu'elle avait été obligée de marquer un long temps d'arrêt sur un banc public, lors d'une courte promenade dans notre quartier. J'avais bien compris que si, parfois, elle laissait le soin à mon père de répondre au téléphone, c'est qu'elle était en pleine séance d'inhalation, puis, plus tard, en séance d'oxygénothérapie. Malgré ces alertes à répétition, je n'étais pas inquiet au-delà du raisonnable. J'avais tort ! Même si, à ma décharge, ma mère a très souvent réussi, sinon à dissimuler, du moins à minimiser considérablement son état de santé.

Les derniers jours, nous étions l'un en face de l'autre dans cette chambre d'hôpital, nous contentant d'échanger de longs regards. J'essayais de déchiffrer les siens et tentais le plus fidèlement possible de traduire sa pensée, puis elle acquiesçait ou non en fonction de mon interprétation.

Je ne savais plus quoi inventer pour tenter de la faire sourire et lui faire penser à autre chose, ne fût-ce que quelques secondes. J'y suis parvenu, je crois, à une ou deux reprises, notamment le jour où je lui ai dit que nos conversations ressemblaient de plus en plus à une caricature des dialogues entre Zorro et Bernardo, son fidèle serviteur muet que je n'ai pas hésité à mimer, et qu'il fallait donc qu'elle retrouve sa voix au plus vite afin que nos causettes retrouvent leur normalité...

Un vœu pieux sans espoir de concrétisation car, pour parachever ce tableau déjà bien trop noir, un staphylocoque doré, attrapé lors d'un précédent court séjour à l'hôpital de Beauvais, vint porter le coup de grâce. Les pneumologues, qui étaient en permanence auprès d'elle – et à qui je témoigne encore aujourd'hui ma gratitude –, m'avaient, certes, informé quelques jours plus tôt de l'irréversibilité du diagnostic, mais mon inconscient avait délibérément rejeté cette hypothèse.

Le 30 octobre 2004, vers 18 heures, alors que mon frère, mon père, ma femme et mes enfants lui avaient rendu visite, et que je continuais à lui raconter le quotidien, elle me tendit, l'air de rien, une ardoise sur laquelle elle venait d'écrire « LA MAMMA », en référence au texte aussi beau qu'émouvant de la chanson de Charles Aznavour. J'eus beau, la gorge serrée, feindre de ne pas comprendre, puis tourner cette prémonition en dérision à la façon de Guido, le héros de *La vie est belle*, le film de Roberto Benigni, qui, jusqu'au bout, fait croire à son fils que la guerre est un jeu, rien n'y fit. Son esprit, je m'en rendais bien compte, était déjà « ailleurs ».

À quoi songeait-elle lorsqu'une infirmière entra dans la chambre et me pria de la quitter un instant afin de lui prodiguer quelques soins ? Je reste aujourd'hui persuadé d'avoir vu ma mère serrer la main de cette auxiliaire, tout en la dévisageant fixement quelques dixièmes de secondes, avant de cligner ostensiblement des yeux. Je ne prétends rien, je ne tire aucune conclusion définitive, pourtant je ne peux m'empêcher d'avoir un doute sérieux.

Ma mère et moi n'avons jamais évoqué la fin de vie. Je ne pense même pas qu'elle en ait parlé avec mon père ou quiconque de son entourage proche. Je suppose, néanmoins, qu'elle était favorable à l'euthanasie, puisque c'est le mot qu'il convient d'employer.

Abréger des souffrances devenues insupportables, partir dans la dignité, ne pas imposer à ses proches une vision de soi que l'on n'est plus en mesure de contrôler : autant de critères qui correspondent bien à la vision de la vie que ma mère portait en elle. J'en suis convaincu.

Combien de temps s'était-il écoulé lorsque retentit une alarme stridente indiquant un problème grave, si grave que le personnel soignant accourut à vive allure dans le long couloir, sans que nous ne parvenions à identifier avec précision le lieu du drame ? Afin de rassurer mon père, je lui affirmai que toute cette soudaine agitation était sans rapport avec sa femme, que nous venions de quitter quelques instants plus tôt. Je me souviens avec précision de son regard aussi fixe qu'interrogateur, lui qui tenait encore entre les mains le sachet en papier kraft renfermant la grappe de raisin blanc qu'il n'avait pas manqué, comme à son habitude, de lui apporter, mais que, pour la première fois, elle venait de refuser.

Que s'était-il exactement passé pendant cette très courte absence ? Cette question demeure aujourd'hui encore sans véritable réponse. Ma mère avait-elle ou non pris l'initiative de siffler la fin d'une partie commencée soixante et onze ans plus tôt ? Avait-elle bénéficié du soutien de l'infirmière avec qui elle semblait si bien s'entendre ?

Et si, sous couvert de ne jamais avoir accepté sa disparition prématurée, j'avais imaginé un scénario de substitution aux conséquences tout aussi douloureuses ? Cependant, pour souscrire à cette autre hypothèse, il m'aurait fallu faire abstraction de son dernier message : « LA MAMMA », que mon père n'a même pas vu. Sa façon à elle, si proche, de me dire au revoir.

Et cette alarme stridente qui rompit soudainement le silence, présage d'une séquence que j'aurais tellement aimé ne jamais vivre. Elle résonne encore aujourd'hui dans ma tête ! Ce soir-là, nous n'imaginions pas qu'elle nous était destinée !

Le temps a passé. Je n'aurai jamais la réponse à la question que je me poserai sans doute encore de nombreuses années. Ce sentiment d'impuissance face à la souffrance d'un être cher est absolument insoutenable.

Quand aurons-nous légalement le choix de notre propre délivrance ?

Ressasser ne sert à rien. Pourtant, qui est assez fort pour s'en empêcher ?

Malgré son trop long calvaire, je suis sûr que si j'avais encore la possibilité de lui demander : « Ça va, maman ? », elle me répondrait avec humour :

— Oui, tout va bien, mon chéri. Tiens, offre-moi donc une cigarette !

Toutes les personnes au dernier stade de leur vie pour cause de tabagisme aigu que j'ai eu l'occasion de rencontrer au CHU n'ont jamais exprimé sérieusement le moindre regret. Il semble qu'elles n'en aient jamais voulu à leur meilleure ennemie. Certains velléitaires m'ont même avoué qu'ils avaient fumé plus d'une centaine de fois leur « der des ders », donnant raison au célèbre aphorisme d'Oscar Wilde : « C'est facile d'arrêter de fumer. J'arrête vingt fois par jour ! » Vouée à l'échec, parce qu'au fond ils n'avaient pas suffisamment envie d'avoir envie, cette succession de tentatives avortées était pourtant assumée, à l'aide de ce curieux argument : pendant longtemps, « c'était trop tôt ! », alors que par la suite, considérant que le mal était fait, « c'était trop tard ! ».

▲ En Ardèche, en 1972. On est jeune, on a vingt ans, toute la vie devant nous. Alors le reste…

▲ Mon père et son frère Gino (mon oncle Louis). Sur la route de l'exode, en juin 1940, ils se porteront au secours de leur père, Angelo Risoli, que des collègues ont menacé de pendre au seul motif de sa nationalité italienne…

▲ Mon père, ma marraine Louisette, mon grand-père Angelo, ma grand-mère Philomène et mon oncle Louis.

► Angelo (au centre, tenant une caisse), antifasciste convaincu, était natif d'Émilie-Romagne. C'est à Belleville, fief parisien de nombreux exilés transalpins, qu'il avait fini par atterrir.

▲ Une partie de ma famille maternelle est originaire d'Hennebont, dans le Morbihan. Pour lui rendre visite chaque été, le voyage en Dauphine prenait des allures d'épopée au long cours !

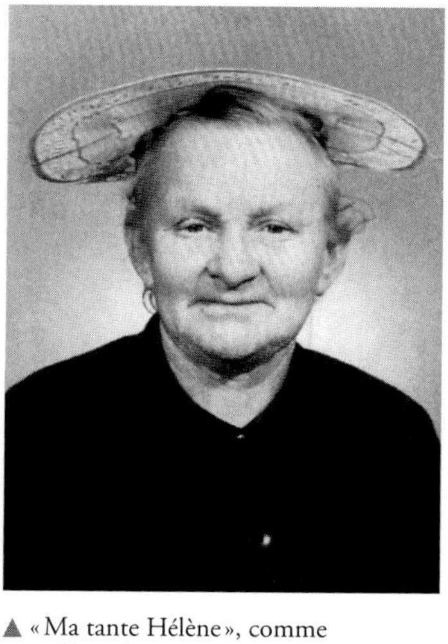

▲ « Ma tante Hélène », comme nous l'appelions, pouvait passer la journée entière sur le perron de sa maison pour être certaine de ne pas manquer notre arrivée.

▲ Mes parents, Pierre et Thérèse, peu après leur rencontre au début des années 1950, dans un bal de la rue de Lappe, par l'entremise de mon oncle Jeannot.

▲ Mon père, que tout le monde appelait Pierrot, était né en 1928 d'un couple d'immigrés italiens. Très brun et longiligne, il était un remarquable danseur, sans cesse à la recherche d'une partenaire à son niveau.

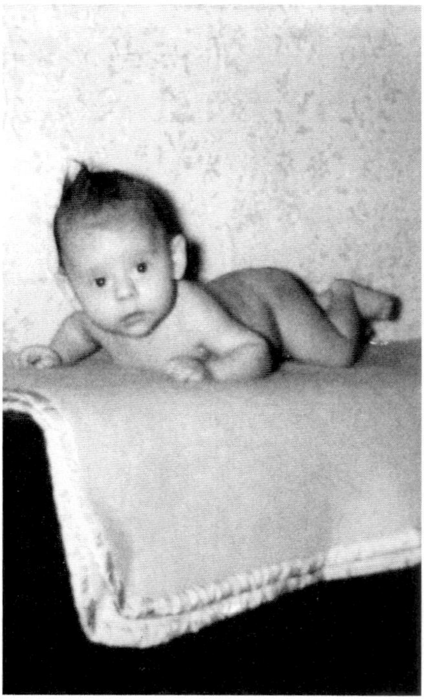

▲ Je suis un Parisien, un vrai.
Mais, ce jour de 1953, l'hôpital Bretonneau affichait complet… et je suis né de l'autre côté de la « zone », à Saint-Ouen !

▲ Louise, ma grand-mère maternelle bretonne, dont je partageais la chambre dans l'appartement HLM parisien où j'ai grandi avec mon frère Olivier et mon cousin Gérard.

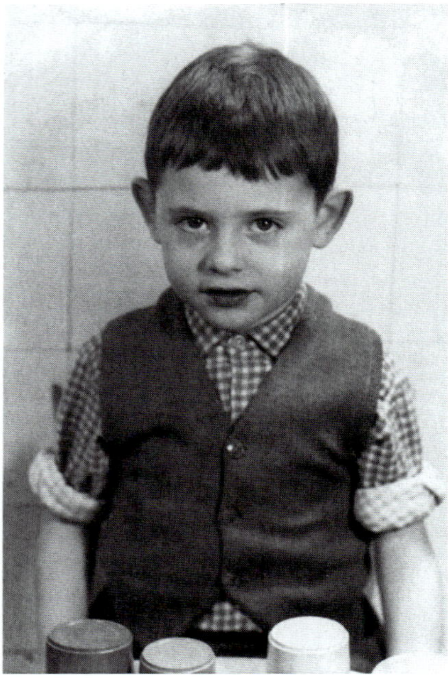

▲ À l'école primaire, en 1959. Je n'avais qu'un souhait : devenir Fanfan la Tulipe, incarné à l'écran par l'intrépide Gérard Philipe !

▲ En vacances avec mes parents, la même année, sur la côte basque.

▼ En classe de CM1 à l'école de la rue Georgette-Agutte, avec quelques-uns des camarades de notre bande : les « Georgettes » !

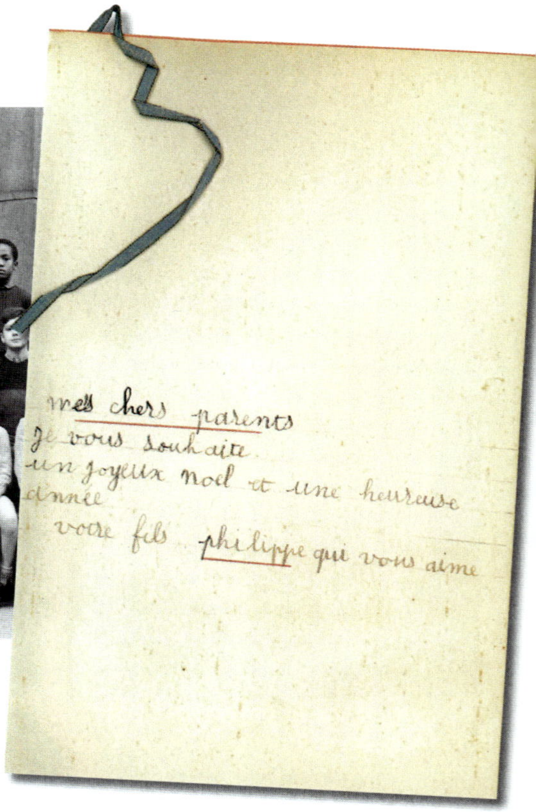

mes chers parents
je vous souhaite
un joyeux noel et une heureuse
année
votre fils philippe qui vous aime

▶ La soirée du 24 décembre est l'occasion de réunir une partie de ma famille maternelle, oncles et tantes qui n'auront jamais d'enfants et qui me considèrent comme le leur. Une aubaine pour moi, qui vois le Père Noël passer trois fois au lieu d'une !

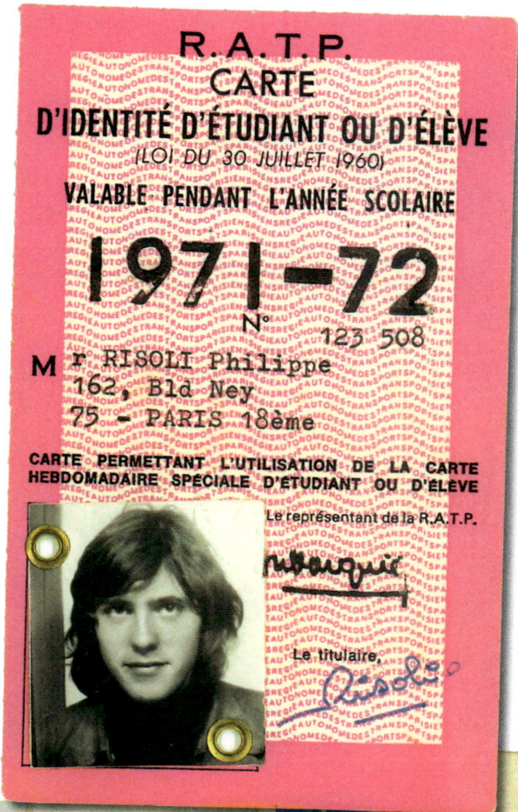

R.A.T.P.
CARTE
D'IDENTITÉ D'ÉTUDIANT OU D'ÉLÈVE
(LOI DU 30 JUILLET 1960)
VALABLE PENDANT L'ANNÉE SCOLAIRE
1971-72
N° 123 508
Mr RISOLI Philippe
162, Bld Ney
75 - PARIS 18ème
CARTE PERMETTANT L'UTILISATION DE LA CARTE HEBDOMADAIRE SPÉCIALE D'ÉTUDIANT OU D'ÉLÈVE
Le représentant de la R.A.T.P.
Le titulaire,

◀ À dix-huit ans, je prépare sans conviction un bac E (maths et dessin industriel) au lycée Vauban, à Courbevoie. La carrière de tourneur-fraiseur ne me fait pas rêver…

▼ « Apte au service militaire » ! Quelques mois avant mon incorporation, en octobre 1973, j'ai fait partie des milliers de lycéens manifestant dans la rue contre la loi Debré, qui prévoyait l'abrogation des sursis militaires pour études au-delà de vingt et un ans.

SN
SERVICE NATIONAL
NUMÉRO I.N.S.E.E.
NOM ET PRÉNOMS
RISOLI PHILIPPE JEAN LOUIS CHARLE
GRADE
DATE DE NAISSANCE
09 SEPTEMBRE 53
DPT. PAYS
75
LIEU DE NAISSANCE
ST OUEN
BUREAU DE RECRUTEMENT
PARIS
NUMÉRO D'IMMATRICULATION
73 930 31576
APTITUDE AU SERVICE NATIONAL
APTE AU SERVICE MILITAIRE
POSITION A L'ÉGARD DU SERVICE NATIONAL
SERVICE ACTIF EFFECTUE
TOTALITE DUREE LEGALE ACCOMPLIE
RESERVISTE SERVICE MILITAIRE
Code 3.21.28.1

▲ En 1976. Je suis étudiant en droit et mon oncle Jeannot, imprimeur, m'a trouvé un job au siège de *France-Soir*… comme veilleur de nuit !

▲ J'ai toujours été passionné d'arts martiaux : judo dès le CM1, puis taï-jitsu et karaté. Ici, dans les années 1990, à l'entraînement face à Michaël Milon, triple champion du monde. *(ph. C. Guibeaud)*

▼ Je me souviens parfaitement du 26 juin 1980 : c'était l'anniversaire de ma mère… et le jour où une collaboratrice de Sud Radio m'appela pour me dire que je disposais de 48 heures pour rejoindre la principauté d'Andorre et faire mes débuts à l'antenne !

▼ C'est par mes propres moyens que je dus me débrouiller pour couvrir le Festival de Cannes 1981. Avec quelques amis, j'élus domicile dans un petit voilier sans eau courante. Nous devions nous doucher à l'aide d'un long tuyau relié au ponton, sous les regards amusés des festivaliers !

▲ Muté à Toulouse en 1982, ma deuxième saison à Sud Radio m'a donné l'occasion d'interviewer quelques déjà grands de la chanson française : Serge Lama, Alain Chamfort, Jean-Jacques Goldman (ici à ma gauche)… mais aussi Francis Cabrel ou encore Étienne Daho.

Photos d. r., sauf mention contraire.

▲ Depuis que mon parrain m'a offert mon premier Instamatic 100 pour ma communion solennelle, je suis un passionné de photographie. C'est avec mon Canon AE1 que j'ai réalisé ce portrait de mes parents, en 1978.

▲ Cette photo de 1986 est l'une des rares où ma mère (à gauche) et mon père (avec la moustache) sont entourés de mon oncle Marcel, de ma tante Lulu (debout), de ma tante maternelle Mimi et de Jeannot, le frère de maman.

▲ L'Espagne est le premier pays étranger que j'aie visité avec mes parents. J'y suis retourné adulte avec eux, au début des années 1990, à L'Escala, sur la Costa Brava.

▲ Ma mère fut et restera à jamais le premier amour de ma vie. Elle était ma confidente, ma complice, voire ma répétitrice – des récitations de mon enfance aux interminables commentaires de droit durant mes années d'études.

◀ Jusqu'au bout, mon père a fait face avec courage à la maladie. Cette photo est l'une des dernières où nous soyons ensemble.

Ma der des ders !

Ce n'est d'ailleurs pas par peur de la maladie que j'avais moi-même décidé, un soir de janvier 2004, de mettre un terme définitif à ma nocive accoutumance.

Les interdictions de fumer dans les lieux publics commençaient à se multiplier au début des années 2000 et les non-fumeurs, jadis très discrets, se faisaient de plus en plus virulents. Deux clans farouchement opposés étaient en train de se constituer : les gentils (non-fumeurs) contre les méchants (fumeurs) ! Comme dans les bons vieux westerns de mon enfance, la « tête » des seconds serait dorénavant mise à prix ! Plus question d'inhaler passivement la moindre volute de fumée sans une sanction immédiate.

Après des dizaines d'années de bienveillance, quelques décennies de tolérance, l'ère tant redoutée de la prohibition se profilait, d'abord à pas feutrés, puis franchement à découvert. L'innocence affichée allait céder la place à l'angoisse inhérente au sentiment de culpabilité.

À raison de deux paquets par jour, parfois plus, ma vie, si je voulais respecter les nouvelles règles en vigueur, risquait de devenir de plus en plus compliquée.

À bord du tout premier vol Air France entièrement non fumeur à destination de l'île de La Réunion, prévenu de cette nouvelle disposition à la dernière minute, je m'attendais à vivre un enfer durant les onze heures que dure ce voyage. Briquet dans une main, cigarette dans l'autre, l'œil rivé sur les consignes lumineuses, j'étais aux aguets ! J'avais en effet l'habitude d'allumer la première d'une trop longue série de cigarettes dès l'apparition du petit symbole vert accompagné d'un petit « ding ! » sonore, sorte de top départ pour les nombreux accros de l'époque.

Mais ce soir-là, la flamme pourtant prompte à jaillir de mon briquet n'eut pas le temps de faire son office. Mon élan fut en effet brisé par l'intervention immédiate et très ferme de l'hôtesse de l'air, bien décidée à faire respecter les toutes nouvelles consignes de sécurité.

Je faisais partie des premiers cobayes d'une nouvelle ère, sans espoir de retour. La peur du fameux « manque », conjuguée à celle des turbulences, était la promesse d'un voyage cauchemardesque ! Heureusement, une fois n'est pas coutume, je réussis de manière inattendue à retarder l'échéance, ayant été reconnu par un membre de l'équipage qui me proposa, non sans m'avoir informé avec précision de la nouvelle marche à suivre, de rejoindre le commandant de bord. Ce dernier étant fumeur, j'eus droit à la dérogation exceptionnelle d'en griller une petite en sa compagnie à l'intérieur du cockpit. Une cigarette, une seule, que j'ai savourée comme jamais. J'aurais fumé mes doigts, tant je n'avais pas envie d'en rester là !

Le voyage me sembla ensuite interminable, mais il eut le mérite de me faire prendre conscience des lendemains difficiles que je me préparais. Passer entre les gouttes allait devenir un exercice de plus en plus périlleux, surtout lorsque l'étau se resserre inexorablement.

Mais c'est en décembre 2003, à bord du premier TGV Atlantique intégralement non fumeur en direction de Nantes, que je pris vraiment conscience du grotesque de ma situation. Non seulement le thermomètre affichait une température largement inférieure à zéro, mais il commençait à neiger, ce qui ne m'empêcha pas de profiter des deux minutes de l'unique arrêt prévu sur notre trajet pour allumer une cigarette, puis en commencer goulûment une seconde, juché dans un froid glacial sur le marchepied du wagon, de peur que le train ne redémarre prématurément.

La clope de trop ! Je décidai, ce jour-là, d'arrêter définitivement.

Je venais de rendre une sentence irrévocable. Je savais intuitivement que je ne reviendrais jamais sur une décision qui mûrissait en moi depuis déjà plusieurs semaines, d'autant que de nombreux désagréments gâchaient mon plaisir à une cadence de plus en plus accélérée.

Il me fallut néanmoins un mois supplémentaire, le temps que cette idée achève de faire son chemin, pour jeter mon dernier paquet après avoir fumé sur le balcon de mon appartement, simultanément, l'intégralité de son contenu. Vingt cigarettes allumées en même temps, de quoi vous dégoûter à jamais ! Une méthode très personnelle que je n'oserai certes pas recommander, mais qui, me concernant, fut des plus efficaces, puisque je n'ai jamais retouché à une cigarette depuis le 25 janvier 2004 !

L'après-cigarette fut physiquement difficile, que dis-je, très difficile à vivre ! Car si les avantages sont aussi nombreux qu'incontestables, certains petits inconvénients font leur apparition. Je passe sur l'inévitable prise de poids, qui m'a valu de la part d'une certaine presse la suspicion d'une maladie cachée. Je passe également sur la difficulté de continuer le sport, notamment le footing, lorsqu'on affiche 15 kilos de trop et que l'on découvre sur le tard la joie du « point de côté » dû à un deuxième souffle aux abonnés absents. Non, c'est sûrement le fameux « manque », les premiers mois tout au moins, qui aura été le plus difficile à gérer.

Le plaisir d'être un vrai non-fumeur et non pas un ancien fumeur, selon la célèbre formule d'Allen Carr, ne commencera à se manifester que plusieurs mois plus tard, lorsque je trouverai, les uns après les autres, les dizaines de paquets que j'avais cachés un peu partout, comme les œufs de Pâques que les enfants finissent toujours par découvrir. Des années plus tard, il m'arrive encore d'en trouver sans que cela ne suscite en moi une quelconque frustration ou une envie, preuve que j'ai relevé ce défi avec succès. J'avoue en être fier car, en cas d'échec, conscient du parcours du combattant que représente un tel objectif, je crois que je n'aurais pas eu le courage d'une seconde tentative.

Malgré ce nouveau statut, je me suis promis de rester très tolérant envers ceux qui n'ont pas encore pris la décision d'arrêter ; ceux également qui, pour différents motifs, ont échoué lors de leur première tentative ; ceux enfin qui y trouvent plus simplement le plaisir dont ils sont peut-être frustrés dans leur vie personnelle.

Oiseau de nuit

Aller me coucher a longtemps été pour moi un calvaire, *a fortiori* un soir de réveillon où, les heures passant, la nervosité de découvrir enfin les cadeaux tant espérés se fait de plus en plus oppressante.

*

Dès mon plus jeune âge, j'ai ressenti une certaine sérénité lorsque la nuit prend le pas sur la lumière du jour, et s'installe pour une bonne dizaine d'heures.

Peut-être est-ce parce que j'ai grandi dans une ville qui vit à cent à l'heure, qui est plutôt bruyante, que tous les amis de province qualifient de stressante ! Toujours est-il qu'au-delà de minuit, la fameuse « atmosphère » d'Arletty change du tout au tout. L'autre côté du miroir m'offre le privilège de donner libre cours à mon imagination.

Contrairement à ce que l'on pourrait croire, j'aime la solitude, j'affectionne en particulier d'écouter de la musique la nuit, au casque, évidemment, en regardant les lumières au loin, celles inconnues qui s'allument ou s'éteignent subitement, celles plus fugitives des voitures qui ne font que passer, la toute petite qui clignote là-haut, signe qu'un avion transporte plusieurs centaines de passagers vers l'autre bout du monde, celles enfin, encore plus haut dans le ciel et beaucoup plus poétiques, des étoiles. Tout cela m'aide à me concentrer, à retenir un texte par exemple. Ce fut le cas durant toutes mes années d'études, mais également beaucoup plus tard, lorsqu'en 2013, je me lançai sur les planches dans une nouvelle carrière de comédien.

Est-ce la nuit qui multiplie mon pouvoir de mémorisation, ou est-ce plus simplement le fait que le téléphone ne sonne pas, que la sonnette de la porte d'entrée reste muette, qu'au fond, le silence a pris possession de mon univers ? Je n'ai jamais vraiment songé à répondre à cette question, j'ai simplement toujours essayé de profiter de cette opportunité pour engranger un maximum de connaissances.

Sur le mur, en face de mon lit d'enfant, quelques étagères tenaient lieu de bibliothèque. Ma mère y rangeait les livres de poche qu'elle dévorait, serrés les uns contre les autres. Je ne distinguais que les titres qui se détachaient dans la pénombre. Je les relisais chaque soir avant de m'endormir, au point que cela m'était presque devenu nécessaire pour trouver le sommeil. *Rebecca*, *Les Oiseaux*, *La Taverne de la Jamaïque* de Daphné du Maurier, *Le Portrait de Dorian Gray* d'Oscar Wilde, *Vipère au poing* d'Hervé Bazin, *Les Rois maudits* de Maurice Druon, *La Peste* et *L'Étranger* d'Albert Camus, *L'Écume des jours* de Boris Vian, *Les Fleurs du Mal* de Charles Baudelaire, etc. Au bout de chaque rangée, mon cousin glissait, l'air de rien, quelques *San Antonio* et autres romans policiers.

Cette liste non exhaustive est un peu mon « Je me souviens », à la manière de Georges Perec. J'ai toujours un petit pincement au cœur lorsque je retombe sur l'un de ces exemplaires, tant ils symbolisent mon enfance.

C'est donc le plus souvent la nuit que je révisais mes oraux de droit, contrairement aux écrits qui me semblaient plus évidents, alors que, bizarrement, si les premiers ne dépassaient jamais dix à quinze minutes, les seconds duraient quatre heures ! Sans doute était-ce parce que nous ne séchions qu'exceptionnellement ces matières écrites, dites fondamentales.

Des heures et des heures passées à analyser les articles des différents codes qui régissent notre vie, ainsi que les multiples jurisprudences qui accompagnent le plus souvent leurs interprétations. Les « attendus » de plus en plus nombreux tordaient souvent le cou à l'obscurité la plus profonde, la métamorphosant en nuits blanches qui pouvaient durer vingt-quatre ou quarante-huit heures !

Qu'importe, ces examens à répétition nous stimulaient, constituant toujours une sorte de défi que nous prenions plaisir à relever. Nous trébuchions parfois, mais n'avions peur de rien. Le dernier oral de finances publiques, en quatrième année, en est la parfaite illustration. Ayant tiré au sort un sujet sur lequel j'avais fait l'impasse totale et dont je ne pouvais dire le moindre mot, mon interlocuteur, après m'avoir écouté attentivement, me félicita néanmoins pour mon aisance :

— Votre long monologue, bien que n'ayant aucun rapport avec notre question, a fini par m'intéresser et me faire presque oublier que vous étiez totalement hors sujet, jeune homme !

Commentaire suivi d'un silence pesant, voire angoissant (d'autant qu'un zéro eût été éliminatoire), avant que ce professeur ne surenchérisse :

— J'ajoute que vous avez de l'humour, vous ferez certainement un bon avocat. Je vous mets… 1/20.

Je me dois de préciser que si nous étions aussi détendus (moi, seulement après avoir pris connaissance de sa décision), c'est que nous savions l'un et l'autre que le succès final à l'examen était acquis.

Je n'ai curieusement jamais ressenti aucune fatigue : sans doute le privilège du jeune âge, conjugué à un enthousiasme indéfectible. Ces études de droit, puis parallèlement, à partir de la troisième année, de sciences de l'information et de la communication, qui devaient me conduire à deux maîtrises distinctes à la faculté d'Assas, allaient-elles jouer le rôle d'éteignoir du feu télévisuel et radiophonique qui brûlait en moi depuis ma plus tendre enfance ?

La réponse, aujourd'hui sans équivoque, a bien failli être différente à cause d'une banale pièce de monnaie.

Notre maîtrise en droit avec mention en poche, nous venions en effet, Anne et moi, de commencer notre doctorat en propriété littéraire, artistique et industrielle, et avions parallèlement suivi avec succès les cours de l'Institut d'études judiciaires de Paris II, ainsi que le stage chez Me Dufour, un avocat renommé, rue Freycinet à Paris, qui devait nous conduire à décrocher, sans difficulté majeure, le certificat d'aptitude à la profession d'avocat (Capa).

Mais le matin de l'examen, convaincus d'obtenir notre diplôme et donc de faire carrière au barreau, nous avons décidé de jouer notre avenir… à pile ou face ! Une roulette russe professionnelle, peut-être pour éviter de passer à côté de nos passions respectives : la musique classique pour Anne, la télévision pour moi ! La pièce lancée très haut retomba du côté que nous avions choisi pour zapper notre examen et, battant le fer encore chaud, nous prîmes illico la décision, à 6 h 30 du matin, de nous recoucher !

À la sortie du premier écrit, vers midi, le téléphone se mit à sonner de façon ininterrompue. Aucun de nos camarades de promotion n'avait imaginé la raison de notre absence. Si nos explications laissèrent notre entourage très perplexe, la conséquence était désormais irréversible : le matricule 347 de l'IEJ (Institut d'études judiciaires) ne deviendrait jamais avocat, contrairement au souhait de ses parents, mais se lancerait à corps perdu dans l'univers des médias.

Curieusement, à l'heure où je me remémore ce souvenir, notre fils, Pierre, après avoir décroché brillamment son Capa, puis prêté serment au barreau de Paris, il y a cinq ans, vient à son tour de bifurquer pour se lancer dans la production, comme un nouveau pied de nez au destin, lui qui s'était spécialisé dans… le droit d'auteur !

La nuit, c'était aussi un endroit mythique, charnière des années 1970-1980 en matière de musique, « un lieu qui se suffit à lui-même », disait le sémiologue Roland Barthes dans un *Vogue Homme* de 1978, l'un des plus beaux *dance floors* du monde où nous tentions de pénétrer chaque vendredi et chaque samedi soir avec mes copains de la fac : le Palace.

Petit cousin français du célèbre Studio 54 à New York (que je découvrirai en 1981), cet ancien cinéma-théâtre situé au 8, rue du Faubourg-Montmartre, était un aimant musical d'une puissance telle qu'il attirait plus de mille cinq cents personnes chaque soir.

Noyés dans cette foule, Anne, Virginie, Marc, Frank et moi, noyau dur d'amis inséparables de la fac, voulions notre dose hebdomadaire de « Vie en rose », l'hymne de ce club phare. La jouissance d'avoir déjà passé le premier contrôle nous galvanisait. Anxieux sur le trottoir, notre admission dans ce haut lieu de la nuit, jamais acquise d'avance, nous donnait une âme de guerrier, un tempérament de vainqueur. Alors, nous étions heureux, oui, heureux de nous adonner aux joies de la danse, au plaisir de se mélanger pour faire la fête, transpercés par de multiples lasers verts, étourdis par les décibels en surnombre, côtoyant collés serrés « pattes d'eph » et cols « pelle à tarte »… oui, décidément, tout nous émerveillait, nous semblait innovant dans ces nuits festives et sans fin. Ah ! danser encore face à Gloria Gaynor, qui y interpréta son tube à l'été 1978, vingt ans exactement avant qu'il ne devienne l'hymne de la victoire des Bleus en juillet 1998 : « I Will Survive » !

Parfois, le petit matin venu, il m'est arrivé de parcourir, seul et à pied, les quelques kilomètres qui séparaient le IXe de mon XVIIIe arrondissement natal en esquissant encore des pas de danse, montant et descendant les trottoirs, façon Gene Kelly dans *Chantons sous la pluie*. Arrivé au pied de mon immeuble, je prenais, en laissant quelques pièces en contrepartie, un journal et une bouteille de lait déjà livrés simultanément sur les perrons respectifs de la librairie et de la laiterie encore fermées.

Les jours de chance, la boulangère entrouvrait son rideau de fer et me faisait un petit signe pour m'informer que je pouvais acheter une baguette toute chaude et, lorsque j'étais riche, quelques viennoiseries pour mes parents que je ne manquerais pas de croiser. Je montais les escaliers quatre à quatre et, alors que les étoiles étaient maintenant dans mes yeux, je me préparais un petit déjeuner, répondais très brièvement aux interrogations trop nombreuses de mon père qui partait travailler, bavardais un peu plus longuement avec ma mère, éternelle confidente et moins pressée, avant d'entamer une bonne matinée… de sommeil !

D'autres fois, notre petit groupe d'amis ne parvenait pas à se séparer. Nous envahissions alors l'appartement laissé vide par des parents partis en week-end et finissions notre nuit au son du magnifique « Isn't She Lovely » de Stevie Wonder, avant de nous écrouler de fatigue, certains sur un canapé, d'autres à même le sol ou un peu n'importe où.

Pure coïncidence, le temps de mes années d'études supérieures fut pratiquement concomitant à la durée de vie du Palace, sous cette forme du moins, car aujourd'hui, l'intérieur est redevenu l'exact reflet de ce qu'a toujours laissé supposer la façade extérieure, un théâtre où l'on vient, disent certains, pour se distraire, mais plus, comme durant ces années de customisation de la salle, pour y faire la fête !

Rêver à perdre la raison

Malgré mes tentatives de ne pas fermer les yeux cette nuit du 24 décembre 1965, le marchand de sable, accompagné de son fidèle Nounours, étant passé depuis fort longtemps déjà, je finis par capituler et partir à la rencontre de tous ceux qui peuplaient alors mes rêves…

*

Certains ont bien résisté à l'usure du temps et réapparaissent ponctuellement, en *guest stars*, dans mes rêves d'aujourd'hui, conférant à ces derniers un côté « spin-off » très en vogue.

Croiser dans ses rêves, des années plus tard, au plus profond de la nuit, des personnes avec qui on a fait un bout de chemin est le plus souvent très agréable. Elles n'ont pas pris une seule ride, ni même cet inévitable « coup de vieux » que l'on octroie quasi systématiquement à ceux que l'on a peu vus depuis un certain temps. Quelques-uns ne sont que figurants : c'est le cas de certains profs de mon collège, la concierge de mon immeuble de l'époque ou encore le marchand de bonbons du haut de la rue Jean-Dollfus, chez qui nous chapardions à tout-va, dès qu'il avait le dos tourné, une multitude de sucreries à un ou cinq centimes vendues en vrac.

Il faut être aux aguets pour ne pas manquer leurs très courtes prestations, mais ils ont le mérite d'être présents pour nous rappeler que, même si nous n'avons fait que les croiser, ils font partie de nos vies. Cependant, tout comme les premiers rôles, ils sont figés dans leur époque. Je n'ai par exemple encore jamais vu l'une de mes grands-mères un smartphone à la main ou montant dans un avion. L'inconscient reste, à certains égards, très rationnel et cartésien. Les têtes d'affiche de l'époque, elles, sont bien présentes, mais elles éprouvent quelques difficultés à côtoyer celles qui, sans les remplacer, leur ont succédé.

Mais les scénarios les plus doux sont souvent perturbés par nos ennemis, nos « Dark Vador » attitrés, qui finissent toujours par tromper le directeur de casting et n'hésitent pas à faire irruption dans un univers où leur présence n'était pas souhaitée. Le rêve mute alors en cauchemar, la mer si calme devient houleuse, le paquebot se met à tanguer, il faut avoir le pied marin pour ne pas passer par-dessus bord. Alors que tout était beau et mélancolique, comme dans les tableaux d'Edward Hopper, la sérénité s'estompe peu à peu au profit d'une angoisse exacerbée par un scénario souvent brouillon, parfois même incohérent. Je ne me retrouve jamais allongé sur un transat, bronzé à souhait, sirotant un jus de fruits frais sur une plage éclaboussée de soleil de l'île Maurice ! Non, je suis dans l'action, face à des adversaires qui vont, tout comme les amis qui m'ont épaulé, disparaître presque simultanément juste avant mon réveil. J'ai bien souvent tenté de retenir les seconds, mais sans succès.

Le rêve, dit-on, n'a pas le privilège que l'on accorde aux choses possibles. C'est sûrement vrai, mais rien ne l'empêche d'être prémonitoire. Mes aventures télévisuelles et radiophoniques, ne les avais-je pas déjà vécues tant et tant de fois, en fermant les yeux, dès mon plus jeune âge ?

Combien d'heures aurai-je passé à imaginer des concepts, radio d'abord et TV ensuite ? Combien de mes amis aurai-je sollicités pour venir me donner la réplique à l'occasion de maquettes très artisanales ?

Le temps des maquettes

Tous ceux qui gravitaient autour de moi, en ce tout début des années 1980, finissaient toujours derrière un micro. Certains avaient le trac, d'autres étaient en revanche très à l'aise, trop parfois, et il n'était pas toujours évident de leur faire comprendre avec précision ce que j'attendais d'eux. Le matériel à ma disposition, loin d'être professionnel, ne m'autorisait aucun mixage, aucun fondu, aucun effet sonore. Je me devais d'être le plus habile possible avec les touches « record » et « pause » de mon magnétophone, afin d'obtenir un résultat audible et un tant soit peu présentable.

Si je passais d'un style à l'autre avec, je crois, une certaine aisance, c'est l'interview qui avait ma préférence. Je les préparais sérieusement, mais les réalisais avec une certaine décontraction qui me permettait d'obtenir le plus souvent de véritables confidences, parfois inattendues, de mes différents cobayes. Le plus compliqué était souvent d'enregistrer des pubs dont le texte était calqué sur ce que j'entendais réellement à la radio. J'avais besoin de partenaires pour me donner la réplique avec des mots précis. Malheureusement, tout comme l'on peut chanter faux, on peut avoir les plus grandes difficultés à dire une simple phrase, aussi courte soit-elle, avec justesse. J'en ai eu la preuve à de nombreuses reprises, avec pour point d'orgue l'impossibilité de faire dire à un seul de mes volontaires ce slogan, très entendu au début de la décennie 1980 :

— Hmm, c'est vraiment bon, la raclette RichesMonts !

Si le résultat ne donnait absolument pas envie d'y goûter, il nous plongeait systématiquement dans d'interminables fous rires !

L'aboutissement n'étant cependant pas en adéquation avec mes attentes, je recommençais inlassablement mes enregistrements, jusqu'au jour où, enfin, j'ai pensé tenir une maquette aboutie et donc très présentable.

Je m'apprêtais donc à envoyer le fruit de mon travail à différentes radios, mais, sortant avec succès de l'ESAC (École supérieure d'animation et de communication) présidée par Jean-Philippe Allain, le très controversé quoique talentueux ancien animateur d'Europe 1, j'appris qu'Arty Parera, directeur des programmes de Radio Andorre, souhaitait me faire une proposition sérieuse.

Radio Andorre, connue du plus grand nombre pour son célèbre indicatif « Aqui Radio Andorra », était certes la plus petite des cinq radios périphériques, mais elle avait le mérite de donner une chance à de jeunes animateurs repérés par l'équipe dirigeante. D'autant plus flatteur pour les heureux élus qu'Arty Parera, qui était non-voyant, jouissait d'une réputation d'« oreille infaillible » !

J'étais sur le point d'accepter sa proposition lorsque Thierry Bernard, alors à la tête des programmes de Sud Radio, me fit savoir que, de passage à Paris, il donnait une réponse positive à ma demande de rendez-vous prise depuis plusieurs semaines déjà.

Je me présentai quelques jours plus tard, très concentré, car il s'agissait de mon tout premier entretien professionnel, dans les bureaux parisiens de la Sofirad (Société financière de radiodiffusion). Après avoir décliné mon *curriculum vitæ* complet, puis mes motivations et ma passion pour ce média, Thierry recentra, l'air de rien, notre conversation sur le grand Sud-Ouest. Ce n'était pas anodin car l'émetteur de Sud Radio, situé en principauté d'Andorre, diffusait suivant un arc de cercle reliant Bordeaux à Perpignan, avec Toulouse en cible principale. Tout y passa. Il me demanda ce que signifiaient les initiales TFC (à prononcer impérativement « T Fé C » !), quel chanteur était natif d'Astaffort dans le Lot-et-Garonne ou, bien plus perfide, comment s'appelaient les habitants de Castelnaudary ? Je répondis sans hésiter aux deux premières questions : Toulouse Football Club et Francis Cabrel, qui entamait sa carrière. J'hésitai en revanche pour la troisième réponse, trouvant « Castelnaudariens » trop évident. C'est ma gourmandise qui me tira d'affaire. Je me souvins en effet d'avoir dégusté quelques semaines plus tôt un cassoulet, plat typique de cette ville, sous la marque « La Belle Chaurienne ». C'est un peu au hasard que je lançai :

— Chauriens ?

Ma réponse fit mouche. Je le sentis très positivement étonné. Néanmoins, quelques minutes plus tard, il mit fin à notre entretien, me promettant simplement de penser à moi si un poste se libérait.

Je quittai donc les lieux, en cette fin juin, le moral en berne. Heureux, bien sûr, d'avoir semblé convaincre mon premier véritable interlocuteur professionnel, mais très déçu de repartir sans aucune proposition concrète en poche. « Si un poste se libérait » ? Ce petit bout de phrase tournait en boucle dans ma tête. N'était-ce pas une façon élégante de m'éconduire ?

Je commençai donc à reconsidérer la proposition d'Arty Parera. Bien sûr, Radio Andorre avait un rayon d'action moins important que celui de Sud Radio. Bien sûr, ses programmes s'adressaient beaucoup plus aux Catalans et aux Espagnols frontaliers qu'aux Français. Mais, au fond, n'était-ce pas l'unique occasion qui m'était offerte de faire mes débuts dans ce métier ? Enfin, Arty et ses équipes avaient envie de travailler avec moi : n'était-ce pas déjà une raison suffisante pour accepter ? Ne souhaitant pas me faire désirer plus longtemps, au risque de tout perdre, j'étais à nouveau sur le point de leur donner mon accord lorsque, à ma grande surprise, je reçus dans le même temps un appel d'une collaboratrice de Sud Radio m'informant que, si j'étais toujours intéressé, j'avais quarante-huit heures pour rejoindre la principauté d'Andorre, afin d'y faire mes débuts à l'antenne ! Je balbutiai un « oui » très solennel, comme si j'acquiesçais à la traditionnelle question du maire au futur marié.

Je me souviens parfaitement de la date de ce coup de téléphone : le jeudi 26 juin 1980, car ce jour était celui de l'anniversaire de maman, alors âgée de quarante-sept ans. Je n'y ai pas forcément vu un signe, mais plus simplement une double occasion de faire la fête !

C'est donc le 2 juillet 1980 que je commençai officiellement ma carrière et concrétisai mon rêve d'enfant, en devenant animateur sur une station de radio reconnue. Certes, il ne s'agissait que d'un stage d'un mois ; certes, j'étais mis en compétition avec un autre apprenti animateur, originaire de Perpignan, qui avait l'avantage de bien connaître la région. Mais, au lieu de me stresser, ce défi m'émoustillait ! Le match qui nous opposa tout au long de ce mois de juillet nous laissa, je crois, autant d'opportunités à l'un qu'à l'autre de démontrer nos qualités respectives. Notre rivalité à l'antenne était d'autant plus pénible que nous avions véritablement sympathisé, étant de surcroît nourris et logés dans le même hôtel en face du studio.

La compétition fut rude, parfois même âpre et rugueuse, mais toujours très honnête, dans un métier où je découvrirai plus tard que ce dernier qualificatif est loin d'en être la qualité première !

J'appris mon succès quelques jours avant l'expiration de nos contrats respectifs, et c'est avec une émotion sincère que j'allai saluer mon adversaire malheureux. Son fair-play ne masqua que très superficiellement sa déception. Je me rendis compte à cet instant de la dureté de ce métier où l'on se retrouve sans cesse en équilibre instable sur le fil des rivalités, des amitiés superficielles et de l'audimat.

Mais c'était fait, j'étais engagé !

Si, plusieurs mois après mes débuts à l'antenne, l'exaltation de me retrouver quotidiennement derrière un micro n'avait pas faibli, en revanche, vivre éloigné de ma famille, de mes amis, presque en vase clos dans cette petite principauté accueillante, mais enclavée au milieu des Pyrénées, était une donnée dont j'avais sans doute minimisé l'importance.

Je décidai donc de passer mes journées entières à la radio. D'abord en studio, à l'heure du déjeuner, où je présentais mon émission, ensuite dans l'immense discothèque qui renfermait des trésors musicaux. Des milliers de 33 et de 45 tours occupaient sur plusieurs niveaux des dizaines d'étagères. Un véritable paradis pour amateurs de musique en quête de pépites. Tous styles confondus, impossible de ne pas trouver la perle rare dans cette caverne d'Ali Baba où nous confrontions nos points de vue musicaux avec Encarnita Vergara, responsable de la programmation pour la partie andorrane de la station, et Catherine Costa (qui, des années plus tard, deviendra la dernière épouse d'Henri Salvador), également programmatrice, très pointue musicalement, sans cesse à l'affût d'une nouveauté qui aurait pu nous échapper. Nous pouvions, Catherine et moi, nous y croiser le soir tard ou le dimanche après-midi, alors que la station était déserte, des tonnes d'albums sous le bras, afin d'établir des playlists et de prendre de l'avance sur la programmation de la semaine à venir. En cas de désaccord, nous nous lancions dans des joutes oratoires où chacun défendait son point de vue avec conviction, humour, et parfois un zeste de mauvaise foi.

Les semaines s'enchaînaient, m'offrant l'opportunité de peaufiner sans cesse ma technique d'animation, tout en affinant ma proximité avec les auditeurs.

Un Philippe étant déjà à l'antenne avant mon arrivée, la direction m'avait demandé de changer de prénom, ce qui ne m'enthousiasmait guère, mais je compris rapidement que je n'avais pas le choix.

À moins d'un quart d'heure de ma première prise de parole, aucune décision n'avait été prise, ce qui semblait perturber Lionel Cassan, qui assurait la tranche précédant la mienne et qui me demandait pour la énième fois comment il devait me présenter au passage d'antenne. Il ne restait plus qu'une chanson avant le moment fatidique. Un chanteur, très en vogue à l'époque, ressassait à ce moment-là : « Quand t'es dans le désert, depuis trop longtemps… » Lionel s'apprêtait à le désannoncer, lorsque, sans véritable raison, je lui soufflai à l'oreille :

— Jean-Patrick… Oui, appelle-moi Jean-Patrick.

C'était le prénom du chanteur en question, Jean-Patrick Capdevielle.

C'est donc sous ce pseudonyme que les auditeurs du Sud-Ouest firent ma connaissance et m'adoptèrent.

Lionel Cassan, puisque je l'évoque, ne fut pas l'un de mes intimes, mais nous entretenions des rapports cordiaux. Le fait d'avoir commencé notre carrière à la même époque, d'avoir vécu une aventure commune « en vase clos » nous reliait par une sorte de fil ténu, sûrement invisible et néanmoins très solide. Nous avons toujours pris plaisir par la suite à nous croiser. Lui continuait toujours, alors que j'avais repris mon véritable prénom après mon départ de Sud Radio, de m'appeler Jean-Patrick. Il est de ceux qui symbolisent la dureté évoquée plus haut, et souvent l'injustice de notre métier. Écarté de « Matin bonheur », l'émission où pourtant il officiait avec succès, au seul motif du sacro-saint « rajeunissement » de l'antenne, il ne s'est jamais tout à fait remis professionnellement de ce coup bas.

Je ne connais évidemment pas les raisons profondes qui l'ont poussé à mettre fin à ses jours à Castres, sa ville natale, au mois d'août 2002. Ce dont je suis en revanche convaincu, c'est qu'il faut être sacrément désespéré pour commettre un tel acte. Je n'imagine pas que les turbulences professionnelles auxquelles il a dû faire face n'aient pas eu leur part de responsabilité dans cette décision fatidique.

C'est vrai qu'au sein de notre confrérie se joue une véritable compétition entre animateurs, producteurs, chroniqueurs, diffuseurs même, chacun souhaitant se tailler la part du lion. Bien sûr, le téléspectateur a parfois son mot à dire. Il lui arrive même, exceptionnellement, de taper du poing sur la table, mais il n'a le plus souvent pas assez d'atouts dans son jeu pour être entendu. Les décisions sont en réalité prises en amont, et ne reposent pas toujours sur une réflexion rationnelle.

J'apprendrai, parfois à mes dépens, qu'il existe pour un animateur plusieurs façons de se mettre à l'abri, au moins momentanément. Cumuler les casquettes d'animateur et de producteur offre non seulement la satisfaction de voir ses projets se concrétiser à l'antenne, mais cela peut également constituer une monnaie d'échange en cas de coup dur. Créer, puis entretenir des réseaux influents qui, sous couvert de renvoi d'ascenseur, vous dépanneront le moment venu : dans notre métier, ce jour-là finit toujours par arriver, comme si un compte à rebours était déclenché automatiquement, dès votre première ! Avoir plusieurs cordes à son arc est une règle impérative, mais ce n'est pas toujours suffisant.

Faire carrière équivaut à courir le marathon, mais avec les obstacles du trois mille mètres *steeple* ! Michel Drucker le sait bien, lui que je suis avec grand plaisir depuis le milieu des années 1960 et qui aura su éviter tous les écueils de la profession. S'il fait partie de ceux qui m'auront donné envie d'exercer ce métier, je n'approuve pas qu'il ait, dans un de ses livres, publié une liste, où je figure, de professionnels qui auraient fini par « dévisser » ! Ce terme, tant redouté des alpinistes, me semble inapproprié, car il suppose que le grimpeur ait commis une faute, ou au mieux une erreur, pour ainsi chuter de façon brutale et inattendue. Peut-on l'employer, dans le domaine qui nous intéresse, lorsque les résultats sont bons, le comportement irréprochable ? Reste la malveillance, l'intention de nuire ou, tout simplement, l'incompétence de celui qui, un beau matin, vous donne un coup d'épaule et vous balance dans le vide, arguant de prétextes très souvent contestables. On ne « dévisse » pas, on est éjecté, purement et simplement, et c'est beaucoup plus violent !

À ce propos, permettez-moi une courte parenthèse, afin d'évoquer le destin tragique et la fin de vie prématurée de deux femmes, stars de la télévision, dont j'ai croisé rapidement le chemin peu de temps avant leur disparition.

Lorsque, de retour à Paris après avoir quitté Sud Radio à l'automne 1982, je retrouve mes amis de la fac, l'un d'eux, Frank Peyrinaud, dont je vous ai déjà parlé, me propose quelques mois plus tard de rendre visite à Denise Glaser.

Je n'ai à ce moment-là pas vraiment connaissance de son état dépressif et me réjouis d'aller prendre un verre chez cette personnalité. Comme des millions de téléspectateurs, j'ai suivi avec plaisir le parcours de cette découvreuse de talents, si curieuse d'univers musicaux originaux. Fume-cigarette à la main, parfois même boa autour du cou, dans « Discorama », son émission phare, elle dépoussiérait l'art de l'interview en observant de longs silences afin d'obtenir les confidences de ses invités. Certes, elle était sélective, trop peut-être dans sa programmation, mais la suivre était intellectuellement enrichissant. Denise pouvait sembler hautaine, mais elle avait une certaine allure, de la classe et un charme discret.

Nous sonnons donc à la porte de son appartement de la rue du Pot-de-Fer, dans le Ve arrondissement de

Paris. Je m'attends à me retrouver en face d'une femme rayonnante avec qui je vais parler des grandes heures de l'ORTF, elle qui doit avoir des souvenirs à revendre et sera sûrement très heureuse de m'en faire profiter.

La porte s'ouvre. Frank et moi restons tétanisés par la vision de cette femme qui ne correspond plus du tout à l'image que nous en avions conservée. Le petit univers de son modeste appartement témoigne d'une grande misère. Ses phrases ne sont pas très audibles, elle est manifestement souffrante et dans un état de faiblesse avancé. Nous sommes très mal à l'aise et ne savons trop que faire pour lui être agréables, comprenant rapidement que son éviction du monde médiatique l'a moralement détruite. Pas question, bien sûr, de parler télévision, ni même d'autres sujets, car rien ne semble plus l'intéresser. Comme nous mettons un peu d'ordre dans son appartement, elle nous étonne en nous demandant d'aller récupérer sa voiture mal garée dans le quartier voisin de Montparnasse, afin qu'elle ne termine pas à la fourrière, puis d'aller lui acheter des oranges, ce qu'évidemment nous avons fait.

Quelques semaines plus tard, Denise tirait sa révérence dans une grande solitude, usée par la maladie et peut-être plus encore par le désespoir. J'ai bien compris par la suite qu'elle n'avait pas que des amis dans le métier, mais le souvenir de cette femme déchue m'attriste encore aujourd'hui.

C'est l'année suivante que je ferai connaissance de Jacqueline Huet, qui fut l'une des speakerines les plus populaires de la télévision des années 1960. Jacqueline intervenait pour présenter une séquence consacrée à l'accordéon dans une émission de l'été 1984 sur TF1, présentée par Sim, et sur laquelle j'étais assistant de production : « Cocktail maison ». Elle avait de multiples talents : comédienne, chanteuse, mannequin, égérie d'une grande marque de cosmétiques et, bien entendu, présentatrice sur l'unique chaîne en noir et blanc. Elle avait fait la couverture de nombreux magazines, était appréciée et souvent sollicitée dans la France entière, ce qui n'empêcha pas, comme d'autres, son éviction après l'élection de 1981. Elle ne s'en était pas remise.

Je suis allé la chercher à son domicile parisien à plusieurs reprises durant l'été 1984, et l'ai parfois raccompagnée. Elle m'avait pris en amitié et me faisait part de sa tristesse, voire de son désespoir d'être ignorée, sauf à récupérer quelques miettes d'antenne. Moi qui n'avais encore que peu d'expérience dans ce métier, j'essayais durant ces petits trajets de trouver des mots réconfortants ; mais les mots, aussi chaleureux soient-ils, n'ont pas l'impact d'une proposition bien réelle.

Deux ans plus tard, Jacqueline décidait de mettre fin à ses jours, en laissant ce mot glaçant : « Les vedettes du show-biz délaissées sont comme des canards sans tête qui continuent de marcher. »

Il est parfois utile de se souvenir.

« Une vie de patachon »

S'il existe, aujourd'hui, un tunnel pour relier Andorre-la-Vieille, capitale de la principauté, à la France, ce n'était pas le cas au tout début des années 1980. Il fallait alors, au mieux, gravir l'Envalira, plus haut col routier des Pyrénées, constamment enneigé, puis traverser Le Pas-de-la-Case. On était soumis aux aléas climatiques, mais aussi aux interminables files de voitures transportant les skieurs venus profiter des très beaux versants et de remontées mécaniques aux tarifs attractifs, ou encore de simples touristes venus acheter en détaxe toutes sortes d'appareils électroniques, dont le tout nouveau et révolutionnaire Walkman de Sony, ou bien alcools et cigarettes à bas prix.

L'hypothèse la plus redoutée et, malheureusement, la plus fréquente demeurait la fermeture pure et simple du col côté français, car nos élus locaux, dans le souci de ne pas pénaliser nos stations, rechignaient systématiquement à envoyer les déneigeuses, rendant impossible toute jonction entre les deux pays.

J'ai donc connu à plusieurs reprises, durant mes années andorranes, les joies du confinement avant l'heure. Je me dois néanmoins d'avouer qu'il est beaucoup plus agréable de rester confiné pour cause de neige que pour cause de virus, ne serait-ce que pour la qualité de l'air, pur et vivifiant dans le premier cas, toxique dans le second ! Autant dire qu'à de multiples reprises, seul un petit périmètre autour de la radio nous fut autorisé.

Aussi avais-je commencé à donner bénévolement des cours de taï-jitsu dans un minuscule club d'arts martiaux proche d'un tout aussi petit restaurant où l'une de mes premières fans, une très gentille vieille dame surnommée « Grand-Mère », nous cuisinait de bons petits plats. Ces cours me permettaient non seulement d'occuper une partie de mon temps libre, mais aussi de perdre le moins possible des techniques de self-défense acquises durant la dizaine d'années précédente. Mes élèves des deux sexes et d'âges très différents découvraient, je crois avec grand plaisir, cet art martial japonais mélangeant subtilement les techniques du judo, du karaté et de l'aïkido, les trois disciplines fondamentales en la matière. Ils attendaient avec impatience nos deux rendez-vous hebdomadaires, véritable récréation pour eux… mais aussi pour moi. Les ai-je suffisamment motivés pour qu'ils persévèrent après mon départ, jusqu'à obtenir la ceinture noire tant convoitée par les débutants ?

Répéter sans cesse les mêmes mouvements pour créer des automatismes est le point commun de nombreuses disciplines. Il en va de même derrière un micro.

Six mois environ après mon arrivée, la direction, à Toulouse, m'avait chargé d'accueillir dans nos studios un nouveau venu qui s'était déjà brillamment essayé sur RMC Rock, diffusé sur la Côte d'Azur, et avec qui je devais par la suite tisser des liens d'amitié durable : Christophe Nicolas. Christophe, originaire de Toulon, prendra donc, tout comme moi, son envol radiophonique définitif dans les montagnes andorranes, avant de conquérir très talentueusement quelques années plus tard la bande FM, pour devenir l'une des voix qui comptent depuis presque quatre décennies. Nous nous parodiions souvent l'un l'autre, nous nous affrontions au *blind test* et, puisqu'il n'y avait ni théâtre ni cinéma, finissions nos soirées au VIP, l'unique discothèque de la station.

Ma grand-mère, Louise, que j'avais eue au téléphone et à qui j'avais détaillé mon emploi du temps, avait, avec ses mots d'un autre temps, résumé la situation :

— Mais dis-moi, mon chéri, tu mènes une vie de patachon ?

Elle avait sans doute raison, nous étions jeunes, dynamiques, passionnés, imprévisibles, mais je sentais déjà une forme de lassitude s'installer imperceptiblement en moi. Pas question de tomber dans la routine, j'avais besoin d'action, d'inattendu, de sensations encore plus fortes !

C'est alors que la direction de notre radio me proposa de présenter, en direct et en public depuis Toulouse, la grande soirée électorale du 10 mai 1981 ! Le fameux choc Valéry Giscard d'Estaing-François Mitterrand.

Si l'enjeu était de taille pour les deux postulants à la fonction suprême, il l'était également pour moi. Quel honneur pour le jeune animateur que j'étais, mais aussi quelle responsabilité ! Une pléiade d'invités de tous bords allait donc se succéder à mon micro pour me livrer commentaires, analyses à chaud, réflexions de tous ordres…

Le schéma dont j'avais tellement rêvé depuis mon enfance, auquel j'avais réfléchi des mois et des mois durant, qui m'avait parfois fait douter, avant de m'insuffler tant d'espoir et de force, ce schéma allait enfin devenir réalité ! Le défi était de taille, je me devais de le relever.

J'étais très fier que l'on eût pensé à moi, présent dans la station depuis moins d'un an, pour être le maître de cérémonie d'un tel événement. J'avais pour l'occasion investi dans un magnifique costume gris anthracite, une chemise blanche pour le côté sérieux, mais j'avais également pris soin de dénouer légèrement ma cravate, associée à mes cheveux mi-longs, pour conserver le brin de fantaisie et d'humour que me connaissaient les auditeurs.

Prise d'antenne à 18 heures, puis non-stop jusqu'à minuit !

Installé l'avant-veille sur une place du Capitole envahie depuis lors par plusieurs milliers de personnes, notre car-studio, bien que prolongé d'une très belle scène, elle-même agrémentée d'un proscenium, semblait presque trop exigu pour recevoir les intervenants politiques, artistes en tout genre, sportifs, journalistes, sociologues et intellectuels de toutes tendances qui se pressaient pour glisser un mot de joie ou de déception, en apprenant, dès 20 heures, la victoire de François Mitterrand, premier président socialiste de la Ve République.

Plus question d'organiser les mini-débats pourtant prévus sur notre conducteur : il fallait improviser. La place n'était plus qu'une marée humaine. S'entendre dans de telles conditions relevait de l'exploit. Le confortable canapé sur lequel nous avions pris place en début de soirée n'avait plus aucune raison d'être. Il n'y avait plus qu'un mot d'ordre : la fête.

Oui, faire la fête maintenant, tout de suite, sans attendre. Une fête improvisée, véritable communion de tout un peuple réuni le temps d'une soirée ou, mieux, d'une nuit entière !

Aussi, ayant enchaîné mes questions sans aucun temps mort, le plus souvent debout, alternant au pas de course côté cour et côté jardin, pour ne surtout manquer aucune réaction, tenter d'obtenir le mot, la phrase qui ferait peut-être les gros titres du lendemain, ayant lancé de nombreux divertissements, chauffé la foule au maximum, nous arrivions déjà à la fin de notre retransmission. Le temps d'une dernière chanson, le temps d'un dernier commentaire « au casque » d'Agostino Pantanella, mon directeur des programmes, particulièrement satisfait de la soirée, le temps de repasser dans ma tête en accéléré l'intégralité de cette soirée, et je devais à regret rendre l'antenne.

Une fois libéré de toute obligation professionnelle, c'est avec l'ensemble de mon équipe et indépendamment de nos opinions politiques respectives que nous avons poursuivi les festivités, au beau milieu de la foule, jusqu'au petit matin. Je n'ai jamais retrouvé, à ce jour, une telle atmosphère après une élection. Une « parenthèse » à jamais gravée dans ma mémoire.

Cette soirée électorale inoubliable avait définitivement conforté mon désir de faire légitimement partie de ce monde de la radio et plus tard de la télévision. C'est sans doute l'une des raisons pour lesquelles, après avoir vécu de telles émotions, avoir reçu des encouragements et félicitations de toutes parts, il me semblait impensable de regagner dès le lendemain l'antenne andorrane de Sud Radio. Je ne m'imaginais plus interviewer mes invités « à l'aveugle », par studio interposé, sans jamais les rencontrer.

Mon cerveau était en ébullition, je ne trouvais plus le sommeil. Il me fallait absolument trouver une solution, et vite ! J'étais coincé entre le privilège de pouvoir exercer le métier que j'avais choisi, et l'absence de visibilité sur un avenir que je n'imaginais pas en principauté. Je me pensais sur une autoroute, j'étais en réalité dans une impasse !

Aussi décidai-je de poser mon mois de vacances, afin de changer d'environnement et tenter d'y voir plus clair, sans avoir à prendre une décision trop hâtive que j'aurais pu regretter par la suite.

Oh ! Toulouse...

Je rentrai donc à Paris dans un premier temps, puis, les premiers « charters » ayant fait leur apparition depuis peu, je décidai d'investir mes économies dans un aller-retour New York avec Anne, afin de découvrir cette ville dont nous rêvions depuis de nombreuses années. J'en profiterais pour faire le point – du moins le pensais-je ! J'aurai l'occasion d'évoquer ma découverte des États-Unis et plus particulièrement de New York, Broadway et sa fameuse 42e Rue.

Un mois plus tard, j'étais déjà de retour à Paris lorsque le directeur des programmes m'informa de ma mutation immédiate à Toulouse.

Cette annonce inattendue me fit retrouver l'enthousiasme et l'euphorie de mes débuts. J'étais donc reparti pour une saison supplémentaire, avec mission d'animer deux émissions distinctes à l'heure du déjeuner. Un jeu (eh oui, déjà !) de 11 heures à midi, sur les inventions en tout genre, puis une émission d'interviews consacrée à la chanson française qui faisait sa mue en ce début de décennie 1980. Ce n'est d'ailleurs pas un hasard si, depuis une quinzaine d'années, les « *revivals* » de l'époque se succèdent avec un succès jamais démenti à ce jour.

Cette émission musicale m'offrit la chance de rencontrer et de côtoyer les futurs « grands » de la chanson française qui entamaient leur carrière : Jean-Jacques Goldman, Francis Cabrel, Étienne Daho, pour ne citer qu'eux, et, bien entendu, toutes celles et tous ceux qui, n'ayant parfois qu'un seul numéro un à leur actif, font aujourd'hui l'immense succès de la tournée « Stars 80 »…

Je ne tardai pas à élargir le concept afin d'avoir accès aux écrivains, comédiens, metteurs en scène, sportifs, humoristes et à tous ceux qui faisaient l'actualité culturelle lorsqu'ils étaient de passage dans le Sud-Ouest. C'est ainsi qu'Éric Carrière, futur « Chevalier du fiel », fera sa toute première apparition radiophonique à mon micro.

Je souhaitais installer ce rendez-vous quotidien, en faire un « incontournable » pour les artistes de passage dans le grand Sud-Ouest. Pari gagné puisque l'émission devint, toutes proportions gardées, un succès d'audience offrant aux artistes une carte blanche et une liberté de ton que l'on ne trouvait pas encore tout à fait sur les stations majeures.

Sud Radio, par certains côtés, avait à cette époque un peu de l'esprit « laboratoire » que je retrouverai en plus étoffé trois ans plus tard à l'occasion de mes débuts en télévision sur Canal+.

« Chantons français », tel était le titre un brin mensonger de ce rendez-vous, puisque j'y recevais parfois des artistes internationaux dont certains s'exprimaient le plus souvent en anglais !

Le parrain de cette émission fut Gilbert Montagné, toujours passionnant quand il parle de musique. Je devais le retrouver aussi pétillant et dynamique à de nombreuses reprises par la suite. Mon réalisateur, ce jour-là, m'avait fait discrètement remarquer en me parlant dans le casque (l'oreillette n'étant pas encore de mise) que, m'adressant à Gilbert, je lui disais trop souvent : « Tu vois ? » Ce dernier me répondait du tac au tac et avec humour :

— Oui, je vois même très bien !

Je me servirai de cette remarque quelques années plus tard sur l'antenne de France Inter pour une séquence je crois très originale que j'avais intitulée : « Les non-voyants sont-ils aveugles ? », avec précisément la complicité de Gilbert.

Juste au-dessus du studio dans lequel je résidais, vivait un jeune homme fou de musique que j'entendais souvent faire ses gammes et que je croisais fréquemment dans l'escalier. Marie-Ange Roig, qui programmait mon émission, m'informa un jour que nous allions recevoir un jeune auteur-compositeur-interprète toulousain afin de promouvoir la variété locale, car la très inspirée « école toulousaine » devait faire face à la concurrence loyale mais sans concession de la toute jeune génération rennaise. Quelle ne fut pas ma surprise de voir débarquer mon voisin de palier, qui répondait au nom de Jean-Pierre Mader !

Si le titre qu'il nous présenta ne devint pas un énorme succès, il ne lui fallut que deux années supplémentaires pour s'affirmer avec « Disparue » d'abord, puis avec le tubesque « Macumba ». Nous avions donc vu juste.

Bateau pressé capitaine pas bon !

Mon avenir professionnel devait prendre un premier grand tournant quand, dans le courant de l'année 1982, je reçus Raymond Castans, homme de lettres aux multiples casquettes professionnelles. À la fois journaliste, scénariste, biographe et dramaturge, il venait ce jour-là nous présenter un ouvrage consacré aux films de Marcel Pagnol.

J'aime ce genre d'ouvrages et je pris donc énormément de plaisir à échanger avec mon invité. Il en était peut-être à sa dixième interview sur ce thème, et redoutait d'avoir encore et encore à répondre aux mêmes questions stéréotypées posées par des animateurs qui, n'ayant peut-être pas ouvert son livre, s'appuyaient sur les fiches d'une collaboratrice. Ce n'était pas mon cas.

J'oubliais presque de préciser que, hormis toutes les qualités de mon invité, il fallait en ajouter une, et non des moindres : directeur général des programmes de la station de radio RTL !

Il ne lui fallut qu'une poignée de minutes pour s'apercevoir que j'avais fait un travail en profondeur et que je mettais le doigt sur un certain nombre d'éléments sur lesquels on ne lui avait pas encore donné l'occasion de s'exprimer. Il prit alors un intérêt nouveau pour notre entretien qui dura bien une quarantaine de minutes. Lorsque celui-ci prit fin, il me félicita chaudement et avec insistance. Et, sur le départ, après avoir salué mes collaborateurs, il revint une dernière fois vers moi et me dit, presque en chuchotant :

— J'aimerais vraiment vous avoir sur notre antenne.

RTL... Raymond Castans me voulait sur RTL !

Sa petite phrase me trottait sans cesse dans la tête. Du matin au soir, puis du soir au matin, je l'entendais me dire : « J'aimerais vraiment vous avoir sur notre antenne. » Non seulement j'en perdais presque le sommeil, mais j'avais de plus en plus de mal à me concentrer.

Ces quelques mots m'avaient d'autant plus perturbé que, durant ma période étudiante, lorsque je voyais fréquemment Marthe Mercadier, cette dernière, très férue de prédictions et de spiritisme, m'avait un jour demandé de l'accompagner près du boulevard Bonne-Nouvelle chez sa voyante attitrée. Sa consultation terminée, Marthe insista pour qu'à mon tour j'entre dans le petit cabinet de notre chiromancienne-cartomancienne, afin que je sois fixé sur mon avenir, qui semblait tant m'angoisser. Je reconnais volontiers qu'à cette époque, ne connaissant personne dans le métier, je me demandais souvent si je n'avais pas commis l'erreur de ne pas devenir avocat, tant il me semblait difficile de capter l'attention des professionnels. J'entrai donc et m'installai face à une femme qui, en d'autres circonstances, aurait pu me faire peur ou, au contraire, mourir de rire, tant je la trouvais caricaturale.

Toute la panoplie de la parfaite petite voyante était étalée en vrac sur le bureau qui nous séparait. De la boule de cristal au jeu de tarot en passant par le pendule, hormis le marc de café, il ne manquait rien. Jusqu'à la forte odeur d'encens qui envahissait les lieux, plongés dans une semi-pénombre. Me tenant le plus souvent les mains, elle parlait, parlait, parlait tellement qu'elle réussit à me bluffer sur quelques détails de ma vie qu'elle n'était pas censée connaître. Marthe m'ayant tant vanté ses capacités divinatoires et la puissance de ses perceptions extrasensorielles, je finis par adhérer à ses prédictions, surtout à la dernière qu'elle me fit :

— Je vois RTL en lettres d'or.

La consultation terminée, je me promis, sur ce dernier point au moins, de lui donner raison !

J'avais donc beaucoup de mal à imaginer, en ce printemps 1982, ne pas rentrer à Paris dès le terme de mon contrat en cours avec la station toulousaine.

Bien sûr, j'avais conscience de prendre un risque en quittant une radio qui m'avait donné ma chance avant de voir en moi l'une de ses têtes d'affiche, mais n'était-il pas tout aussi dangereux de reconduire mon contrat pour une ou plusieurs saisons, au risque cette fois d'être oublié par celui qui semblait m'avoir tendu la main ?

J'attendis donc la fin du mois de mai et mon retour du festival de Cannes, que j'avais couvert pour la radio, pour annoncer ma décision à Agostino Pantanella, ce directeur des programmes qui m'avait toujours accordé sa confiance et avec qui j'entretenais les meilleures relations. Raison pour laquelle, sans doute, il chercha à me retenir, avançant des arguments tellement convaincants qu'il faillit bien y parvenir.

Je quittai néanmoins Toulouse, le cœur serré, au début du mois de juillet, laissant derrière moi, non plus les collègues dont j'avais fait la connaissance deux ans plus tôt, mais de véritables amis.

De retour dans la capitale, je ne manquai pas de contacter rapidement Raymond Castans, en croisant les doigts pour qu'il ne m'ait pas oublié. Je supposais qu'il devait rencontrer beaucoup de monde et je me rendais bien compte que, si j'étais devenu une « toute petite vedette » sur Toulouse et sa région, à Paris, je retombais dans l'anonymat le plus complet. Je repartais donc presque de zéro, mais je me sentais suffisamment aguerri pour relever ce nouveau défi.

Je fus, dans un premier temps, invité à une projection privée du film *Gandhi*, de Richard Attenborough, dans la salle de cinéma située au dernier étage de l'immeuble historique de RTL, 22 rue Bayard, dans le VIIIe arrondissement. Assis à côté du philosophe Raymond Aron, qui devait disparaître à peine un an plus tard, j'avoue ne pas avoir profité pleinement de cette projection, tant je pensais au rendez-vous qui devait suivre.

Sans être un échec, ce rendez-vous me laissa sur ma faim, mais surtout sans proposition concrète, car je m'étais manifesté un peu trop tardivement, et la grille de rentrée était déjà bouclée. Ce fut ma première grosse déception professionnelle.

Même si Raymond Castans ne tarissait pas d'éloges à mon égard, mon heure n'était manifestement pas encore venue.

Le statu quo

Le réveil, ce 25 décembre 1965, fut non seulement joyeux, mais aussi très dynamique. À peine les yeux ouverts, je me levai d'un bond et courus de ma chambre jusqu'au salon où j'arrivai en dérapage contrôlé, évitant la chute de justesse grâce à une poignée de porte attrapée au vol.

En face de moi, le magnifique sapin que ma mère et moi avions mis plusieurs heures à décorer. Pour la première fois cette année, les guirlandes électriques avaient remplacé les traditionnelles mais dangereuses bougies des années précédentes. Installé depuis une quinzaine de jours, il commençait déjà à perdre quelques aiguilles, c'est pourquoi maman ne cessait de me répéter :

— Philippe, ne marche pas pieds nus, mets tes chaussons !

Mais quel enfant prendrait le temps d'enfiler ses chaussons, au moment de découvrir ses cadeaux, le matin de Noël ?

*

Le réveil fut autrement plus difficile en cette rentrée de septembre 1982.

Je venais d'enchaîner sans souffler une année de service militaire dans le Jura, cinq années d'études à la faculté d'Assas, une première année de radio en principauté d'Andorre, une deuxième à Toulouse, j'avais des idées plein la tête, mais je ne savais plus très bien à qui les proposer.

Il n'y avait encore que trois chaînes de télévision d'État aux grilles de programmes poussiéreuses et encore peu étoffées. De leur côté, les radios pirates venaient tout juste de céder leur place sur la bande FM aux toutes fraîches radios libres, mais l'étaient-elles vraiment ? J'avais heureusement laissé un bon souvenir dans le Sud-Ouest et gardé de très bons contacts.

C'est justement l'un d'eux qui m'informa que la station de ski de La Mongie-Tourmalet, dans les Hautes-Pyrénées, comptait innover pour la saison à venir, en proposant à tous ses vacanciers, résidents temporaires dont les appartements étaient équipés de postes de télévision, une quatrième chaîne locale câblée gratuite. Une formidable idée, très avant-gardiste.

Les programmes commençaient, après la journée de ski, par une émission de service aussi bien que de divertissement. Toutes sortes d'informations étaient distillées le temps du direct, de la météo des jours à venir à la qualité et hauteur de neige, en passant par des interviews promotionnelles des différents commerçants et services sociaux. Des reportages enregistrés chaque jour sur les pistes mettaient également en scène les téléspectateurs-skieurs.

L'émission était très complète, mais demandait un énorme travail, d'autant que l'équipe se résumait à trois personnes : un réalisateur, une productrice et un animateur.

Je fus donc engagé pour assurer l'animation. Trois périodes de quinze jours étaient programmées, tenant compte des vacances scolaires de Noël, février et Pâques.

Je repartis donc à nouveau vers ces Pyrénées qui, décidément, marquaient mon début de carrière.

Si cette nouvelle aventure de courte durée ne pouvait représenter qu'une solution transitoire, elle avait le mérite de m'apporter, au propre comme au figuré, la bouffée d'oxygène dont j'avais besoin et, de surcroît, l'opportunité de me familiariser avec la caméra.

Arrivé quelques jours avant la prise d'antenne sur le premier domaine skiable des Pyrénées françaises, je découvris avec étonnement que la grande salle au cœur d'une galerie marchande dans laquelle je devais officier, n'avait vraiment rien d'un plateau de télévision. Tout restait donc à créer pour donner une couleur et, surtout, un peu de vie à cet endroit qui en manquait terriblement.

Nous ne vîmes pas passer nos trois journées de préparation tant nous avions de travail. D'un point de vue promotionnel, nous avions ratissé le plus large possible afin d'informer les vacanciers qu'ils bénéficieraient d'un quatrième canal, très innovant pour l'époque, avec, indépendamment de notre talk-show, la programmation d'un film chaque soir. Nous avions ajouté qu'ils pouvaient venir assister à notre émission.

Notre publicité n'avait pas dû être suffisamment convaincante, car je me retrouvai, le jour J, désespérément seul, face à une bonne quarantaine de sièges vides ! Même si nous avions enregistré quelques reportages à l'intérêt parfois discutable, ces premières soirées me semblèrent cauchemardesques. Certes, j'en appris autant en une semaine sur l'art de meubler à l'antenne qu'en six mois de cours dans n'importe quelle école de communication, mais je me voyais difficilement tenir encore quinze jours à jouer au chasseur d'images qui, au fond, n'avaient pas l'air d'intéresser grand monde.

Seul, un jeune homme vint assister au « direct » plusieurs soirs de suite, semblant prendre un véritable intérêt aux moindres détails, dévorant ces deux heures d'antenne avec gourmandise. S'étant présenté à moi comme journaliste à *Confetti*, une publication bordelaise dont j'ignorais tout, il me confia son souhait de devenir à son tour animateur, et me demanda quelques conseils que je n'hésitai pas à lui prodiguer du mieux possible.

Je devais retrouver ce jeune homme, quelques années plus tard, alors que je présentais, en *prime time* et en direct, ce soir-là depuis Bordeaux, « La Nouvelle Affiche » une très belle émission de variétés pour FR3. Il venait lui-même de rejoindre FR3 Aquitaine, une des antennes régionales de cette même chaîne, faisant ainsi ses vrais débuts professionnels, avec toujours le même enthousiasme et la même curiosité. Mais c'est encore plus tard que nous devions devenir amis, lorsque, devenus vraiment professionnels, nos chemins devaient se croiser à nouveau, cette fois sur TF1 où il présentait « Un samedi nommé désir ». Bernard Montiel, puisqu'il s'agit de lui, faisait désormais, et encore aujourd'hui, partie du paysage audiovisuel.

Ma bouée de sauvetage se présenta sous les dehors d'un autre jeune homme, représentant d'une célèbre marque d'alcools qui, profitant de cette période estivale, venait présenter et assurer la promotion d'une nouvelle boisson apéritive, La Belle Sandrine, un savant mélange, si ma mémoire est bonne, d'armagnac du Gers et de fruits de la passion, notamment. Cette boisson, qui revendiquait sans doute un très lointain cousinage avec le ti-punch créole et qui en avait d'ailleurs les effets en cas d'abus, n'aura pas connu le succès de son aîné d'outre-mer et n'existe plus aujourd'hui. Mais elle aura au moins eu le mérite de représenter l'un des cadeaux des jeux concours que nous organisions dorénavant chaque soir.

Frank Lajouveigne-Couecou, qui deviendra plus tard un animateur incontournable des plus belles nuits bordelaises d'abord, parisiennes ensuite (il sera élu par ses pairs « empereur de la nuit » en l'an 2000), ne manqua pas de générosité, offrant des bouteilles du divin breuvage à tous ceux qui venaient sur notre plateau.

L'appât ainsi mis en place, l'effet ne se fit pas attendre. Non seulement nous affichions complet, mais il fallait maintenant se manifester chaque matin pour être sûr d'avoir son siège le soir même, le tout dans une franche rigolade. Devant le succès grandissant, il fallait maintenant participer, jouer, s'investir pour tenter de remporter les cadeaux mis en jeu.

Mon visage étant désormais connu de tous ceux qui se branchaient chaque soir sur notre quatrième chaîne, la tâche devenait plus agréable et le contact de plus en plus facile. Dorénavant, les téléspectateurs venaient spontanément à moi, certains skieurs stoppaient même leur descente après un long dérapage, pas toujours contrôlé, afin de répondre à mes questions lorsqu'ils m'apercevaient au pied des pistes, le micro à la main. Je posais volontiers pour la photo et signais quelques autographes avec délectation. Je vivais, à toute petite échelle, le quotidien de ceux qui officiaient sur des chaînes de portée nationale. Les questions fusaient, pas vraiment sur ma personne, mais sur l'avenir immédiat des vacanciers. Quel temps fera-t-il demain ? Quel film allez-vous diffuser ce soir ? Où contacter un moniteur de ski de fond ? etc. Je me devais impérativement d'avoir la bonne réponse aux questions posées, fussent-elles sans rapport avec ma fonction.

Je ne pouvais imaginer que ce que j'étais en train de vivre n'était rien d'autre que les prémices de la relation privilégiée que j'entretiendrais plus tard – et aujourd'hui encore – avec les téléspectateurs. Impossible, en outre, de pressentir que ce galop d'essai serait le laboratoire dans lequel je puiserais quelques techniques très personnelles d'animation mises au point par nécessité, simplement pour donner vie à ce show qui reposait sur presque rien, si ce n'est un bon contact avec les différents protagonistes, ce dont je saurais me souvenir lors du lancement de « Millionnaire » sur TF1. Si le gain éventuel du million représentait une différence essentielle, la mécanique reposait sur les mêmes ingrédients : des inconnus se succèdent volontairement sur un plateau de télévision, ou parfois un peu à reculons, le plus souvent tétanisés, mais motivés par l'appât d'un gain très important. À moi et l'équipe qui m'accompagne de les mettre en valeur, de me substituer habilement et délicatement à eux en cas de défaillance, sans que, d'aucune manière, ils en prennent ombrage. La finalité, hélas dépourvue d'humanité : l'audience !

Je ne pouvais concevoir enfin que cet engagement était prémonitoire et qu'en disant en 1983 : « Je suis animateur sur une quatrième chaîne de TV privée », je ne faisais que devancer d'un peu moins de deux ans mon arrivée sur une autre toute nouvelle quatrième chaîne de TV privée : Canal+ !

« La Nuit au poste »

Ils sont nombreux, étalés à même le sol, pêle-mêle au pied du sapin. Pour la plupart encore bien cachés dans leurs paquets respectifs de différentes tailles et de différentes couleurs. Certaines formes trahissent leur contenu et permettent aisément de deviner ce qu'ils renferment, d'autres sont plus équivoques. Quelques enveloppes, multicolores également, en équilibre très instable sur les branches de notre arbre de Noël, ne semblent retenues que par quelques cheveux d'ange. Je croise les doigts pour que ma liste, remise à qui de droit depuis plusieurs semaines déjà, ait été suivie à la lettre. Je pressens même, en y regardant de plus près, qu'il pourrait bien y avoir quelques surprises supplémentaires.

Moi qui, hier soir encore, étais si pressé, je prends maintenant le temps de savourer cet instant que je sais ne plus retrouver avant l'année suivante. Je suis assis en tailleur sur le plancher, un peu pensif, lorsque ma mère, impatiente à son tour d'observer ma réaction, me dit :

— Alors, tu ne les ouvres pas ?

Celui que j'attrape en premier n'est pas le plus proche de moi, mais le dessus de l'emballage, légèrement déchiré, laisse apparaître ce que j'identifie comme étant l'antenne télescopique argentée d'un… transistor !

*

J'étais conscient que ma petite expérience de télévision acquise durant mon court séjour à La Mongie ne suffirait sans doute pas à convaincre un directeur des programmes de m'engager, d'autant que l'éventail des possibilités demeurait restreint. Je devais impérativement repasser par la case radio, ce qui était loin de me déplaire.

Bien entendu, mes deux années passées à Sud Radio constituaient un début de *curriculum vitæ* non négligeable. Mais cette station avait contre elle le double handicap de n'être d'abord captée confortablement que dans le Sud-Ouest, ensuite de n'émettre qu'en ondes moyennes (AM), peu utilisées par les radios concurrentes.

Mes parents avaient bien entendu tenté à maintes reprises d'écouter leur « petit », l'oreille collée à l'énorme poste de radio que j'avais rapporté d'Andorre et qu'ils baladaient désespérément d'un bout à l'autre de l'appartement, comme nous le faisons parfois aujourd'hui, en cherchant du réseau pour nos smartphones, mais, hélas, avec très peu de réussite. Seules quelques bribes de mes phrases étaient montées jusqu'à la capitale, brouillées par de nombreux parasites et interférences de toutes sortes.

Les podcasts n'existant pas encore, devais-je repasser par la case « maquette » pour espérer parvenir à mes fins ? Cette dernière idée, je l'avoue, ne m'enthousiasmait plus, comme ç'avait été le cas quelques années auparavant.

Les radios dites libres venant de faire en nombre leur apparition sur la bande FM, je me mis donc à les écouter, les unes après les autres. Des sessions parfois jubilatoires, mais souvent fastidieuses, occupèrent donc mes journées durant quelques semaines. Je découvrais néanmoins, comme la majorité des auditeurs, de nouvelles voix. Certaines, très accrocheuses, indiquaient clairement qu'une nouvelle génération, bien qu'encore un peu tendre, était en train d'éclore. Je ne devais plus perdre de temps, car la concurrence arrivait en nombre et les places encore accessibles n'allaient pas tarder à se raréfier. Si La Mongie avait été une très agréable expérience, elle me pénalisait de fait d'un handicap de plusieurs mois sur la ligne de départ.

Une quinzaine de jours fut suffisante pour que j'établisse une courte liste de mes préférences. En pole position, une radio dont curieusement la vocation initiale était de promouvoir la presse écrite, déjà en perte de vitesse, notamment auprès des jeunes.

Cette radio, selon Marie-Odile Amaury, directrice de la station, devait traiter les infos d'une manière différente, beaucoup plus rapide, et renvoyer les auditeurs qui souhaitaient plus de précisions à leurs quotidiens respectifs. Cependant, l'information n'y régnait pas sans partage. Même si elle occupait une place importante, la musique y était également privilégiée. Toutes les formes de musique, sur un tempo médium, devaient trouver leur place à l'antenne. Ce savant mélange était fait pour moi, je savais que je m'y sentirais très à l'aise.

Celle que l'on avait identifiée comme une « fréquence presse » (car elle était le fruit de l'alliance et du pari risqué de cinq groupes de presse : Bayard Presse, *Le Parisien libéré*, *L'Humanité*, *L'Unité* et enfin *Le Matin*) s'appelait Le Poste parisien. Elle émettait sur 101 MHz à Paris et occupait, au 116 *bis*, avenue des Champs-Élysées, les somptueux locaux du « P. P. » d'avant-guerre, celui-là même où Jean Nohain, Mireille, Pierre Dac et tant d'autres avaient en leur temps charmé les auditeurs ! La station venant d'opérer sa première rentrée, je conservais une toute petite chance d'attraper le bon wagon.

C'est Alain Morel, alors journaliste au *Parisien*, croisé quelque temps plus tôt à l'époque de Sud Radio, qui m'offrit l'opportunité d'un rendez-vous avec le directeur des programmes du Poste parisien : Bob Addrizza, un anticonformiste amoureux de Gustave Flaubert.

Un premier contact avec celui qui est censé vous employer pour les mois ou peut-être les années à venir n'est pas souvent chose facile. Ce fut exactement l'inverse avec Bob ! Quelques minutes suffirent pour que nous nous comprenions instinctivement. Nous allions forcément très bien nous entendre, puisque nous parlions le même langage. Nous étions, si j'ose dire, sur la même longueur d'onde.

Si je ne faisais que commencer ma carrière, Bob avait déjà un prestigieux parcours derrière lui. Auteur, metteur en scène, ce très proche de Francis Blanche était également un véritable créateur à la radio (Europe 1) et au cinéma, réalisateur un peu plus tard de nombreux spots publicitaires, et surtout, ces années-là, un dénicheur de talents tout neufs. J'eus la chance d'en faire partie et fus engagé dès notre premier rendez-vous.

« La Nuit au poste », tel était le titre de l'émission dont Bob et moi avions défini ensemble les contours, et que je présentais dorénavant du lundi au vendredi, de 23 heures à 1 heure du matin. Le Tout-Paris culturel et artistique se succéda en direct à mon micro avec, il est vrai, une prédominance musicale.

Compte tenu de l'heure tardive, des lumières tamisées, et quelquefois désinhibés par le(s) petit(s) verre(s) de l'amitié, c'est dans une ambiance feutrée et en toute confiance que mes interlocuteurs finissaient par se confier bien au-delà de ce que nous avions imaginé, n'hésitant pas à déculotter, si j'ose dire, leurs pensées sans fausse pudeur.

Il est vrai que l'endroit, exceptionnel, ajoutait énormément à la magie de la nuit. Situés sur le trottoir droit de la plus belle avenue du monde, les studios, modernes et luxueux depuis leur création, pouvaient sans difficulté accueillir un orchestre et, simultanément, de nombreux intervenants. Les Allemands ne s'y étaient d'ailleurs pas trompés en l'accaparant durant l'Occupation, afin de transformer le Poste parisien en radio de propagande. Arrosant la France entière en langue française durant toute cette période, nos envahisseurs contrôlaient ainsi l'ensemble des manifestations culturelles. La musique et le divertissement étant à l'ordre du jour, certains interprètes français, dont Tino Rossi et Maurice Chevalier, viendront, ce qui leur sera reproché à la Libération, chanter au micro de Radio Paris. Ils seront, précisons-le, lavés de tout soupçon. Une véritable guerre des ondes s'était engagée avec Radio Londres. Le souvenir d'un slogan interprété par Pierre Dac (alors speaker outre-Manche de l'émission « Les Français parlent aux Français »), sur l'air de « La Cucaracha », marquera l'esprit des plus anciens pour de nombreuses années : « Radio Paris ment, Radio Paris ment… Radio Paris est allemand ! »

Il ne restait, en cette année 1983, dans ce lieu chargé d'Histoire, que l'émotion de se retrouver dans un studio où nos aînés avaient combattu pour préserver la liberté d'expression si chère à notre démocratie.

Nous avions instauré un système de porte ouverte qui permettait à nos invités de revenir réellement lorsqu'ils le souhaitaient. Je prends soin de préciser « réellement » car cette phrase, devenue récurrente dans la bouche de nombreux collègues, et parfois d'ailleurs dans la mienne, ne correspond souvent à rien de concret. Les « Tu reviens quand tu veux », « Tu es ici chez toi » ne sont le plus souvent que des formules de politesse qui me font toujours sourire, l'invité ne revenant jamais hors période de promotion.

Tel n'était pas le cas de notre émission, mais il est vrai que nous organisions de façon impromptue des sessions musicales qui obtenaient un certain succès. Alain Bashung fit partie de ceux qui aimaient repasser par notre studio…

Les « *guests* » se succédaient, se croisaient, se mélangeaient même, sans qu'aucune rivalité exacerbée ne vienne entacher ces moments très intenses de radio. Nous avions parfois le plus grand mal à rendre l'antenne, à une heure du matin, tant nos sessions étaient festives et semblaient obtenir l'adhésion des auditeurs qui n'hésitaient pas à se manifester *via* notre standard téléphonique. Aussi, le plus souvent, mes interviews devenaient des conversations à bâtons rompus entre passionnés et se poursuivaient dans l'un des nombreux établissements – cafés, restaurants, boîtes de nuit – de ce quartier que l'on appelle parfois le « Triangle d'or ».

Si je prenais énormément de plaisir en intervenant chaque soir sur l'antenne du Poste parisien, j'en prenais presque autant en écoutant l'animateur qui me précédait à l'antenne. Lucky Blondo, car c'était lui, racontait dans les moindres détails cette musique, le plus souvent importée des États-Unis, qui avait fait des années 1960 une décennie moderne, innovante et rebelle. Lucky avait fait partie de ce courant musical qui surfait sur la liberté et qui devait nous conduire à la « Beatlemania », au rock plus décadent des Rolling Stones, à la *soul music* de Ray Charles, James Brown ou Aretha Franklin, pour trouver son épilogue au festival de Woodstock au mois d'août 1969. Bon nombre des artistes de ces années-là étaient devenus de véritables légendes et Lucky, « l'homme à la voix de velours », qui avait connu le succès avec « Sur ton visage une larme » (version française d'« Una lacrima sul viso » de l'Italien Bobby Solo) et « Des roses rouges pour un ange blond », s'en donnait à cœur joie, nous révélant parfois l'envers du décor, ou encore quelques secrets de fabrication… Un vrai régal !

Nous discutions souvent ensemble dans le studio tout en passant au crible des dizaines de vinyles de ces années-là qui, loin d'être obsolètes aujourd'hui, dépassent au contraire les ventes de CD. Et je ne pouvais m'empêcher de repenser, en regardant Lucky travailler, à la pochette en noir et blanc de son 45 tours, « Sheila », que j'avais, comme tant d'autres, subtilisé vingt ans plus tôt dans la petite discothèque personnelle de mon cousin, Gérard, mais que j'avais malencontreusement rayé, m'exposant ainsi aux foudres de ce dernier, lorsqu'il s'était rendu compte que Lucky répétait en boucle les trois premiers mots de sa chanson !

Dès lors que vous avez fait vos premiers pas dans ce métier et que vous représentez un média, vous êtes sollicité, plus ou moins fréquemment et intensément, mais toujours proportionnellement au succès que vous rencontrez. Le petit monde des attachés de presse et autres organisateurs de spectacles s'abat sur vous.

À partir de cet instant, on vous veut partout, on a besoin de vous, on ne peut plus se passer de vous ! Dans un premier temps, la curiosité aidant, on a le plus souvent tendance à répondre positivement à ces trompettes de la renommée et l'on accepte sans trop de résistance toutes sortes d'invitations flatteuses. Ces propositions répétées et persuasives finiraient presque par vous culpabiliser en cas de refus. Pourquoi éprouve-t-on ce sentiment, en début de carrière du moins, que l'on risque à tout moment de manquer la rencontre déterminante pour son avenir ? Pourquoi, bien que cette rencontre n'ait pas eu lieu, a-t-on exactement le même sentiment dès l'invitation suivante ? Si l'on fait au bout d'un temps le compte des propositions acceptées par plaisir et non dans l'éventuel espoir d'un eldorado professionnel, on constate que les doigts d'une seule main suffisent pour en faire le compte !

La réussite professionnelle, lorsqu'elle est au rendez-vous, constitue une sorte de sevrage et l'on opère avec une certaine jouissance un changement de cap à cent quatre-vingts degrés. Le *nec plus ultra* consistant à ne plus se montrer du tout ou, mieux, à ne faire qu'une très courte apparition, laissant supposer qu'à minuit passé il vous reste encore au moins deux ou trois rendez-vous « pro » à honorer avant de profiter d'un bref repos bien mérité.

Mais ce monde artistique a ceci d'étonnant, d'excitant, et parfois de déroutant qu'il est fait de hauts et de bas, voire dans certains cas de très hauts et de très bas. C'est précisément dans ces moments de « bas » que l'on se conduit comme un ancien fumeur qui, se croyant à l'abri d'une éventuelle rechute, rallume machinalement une cigarette. Même si, dans de telles circonstances, les sollicitations se font plus rares, si ces propositions sont moins excitantes, si vous en êtes totalement conscient, le spectre du refus vous envahit à nouveau comme aux plus beaux jours.

C'est donc tout naturellement, « La Nuit au poste » jouissant désormais d'une bonne réputation au sein de la profession, que je commençai, moi aussi, à faire partie des privilégiés qui figuraient sur les listes d'invités.

Bien sûr, à l'époque de Sud Radio, il m'était arrivé de bénéficier de ce genre d'invitations, mais l'éloignement de la capitale où, il faut en convenir, ont lieu la plupart des événements artistiques importants, constituait un frein. C'était d'autant plus vrai que j'étais à l'antenne de Sud quotidiennement, de 11 heures à 13 heures.

Un jour, pourtant, je suis invité dans le carré VIP pour assister au concert de Police, l'un de mes groupes préférés, au Zénith de Paris. Nous sommes en 1982 et, avec mes premiers cachets et un crédit sur une durée de cinq ans, je viens juste de m'offrir ma toute première voiture neuve, une Golf GTI noire avec le fameux petit liseré rouge. La voiture était sportive, j'étais moi-même fougueux, ne pas assister à ce concert me semblait inimaginable.

Mon émission terminée à 13 heures, nous décidons avec Christophe Nicolas de quitter Toulouse et de parcourir les sept cent quatorze kilomètres qui nous séparent du Zénith où le concert doit débuter vers 21 heures ! Nous roulons à vive allure sur la route nationale et approchons de Limoges sous une pluie battante. La visibilité est médiocre, mais les essuie-glaces aussi neufs que ma voiture battent la mesure à grande vitesse. Alors que je double un véhicule, un camion se présente au loin sur la voie opposée. C'est l'instant que choisit l'essuie-glace, qui n'a pas été monté correctement, pour s'envoler littéralement et disparaître dans la nuit tombante ! Une sorte de tsunami déferle sur mon pare-brise, m'ôtant toute visibilité.

Je ne sais par quel miracle nous avons évité le camion et nous sommes rabattus sur la file de droite sans dommage. La pluie cessa ensuite rapidement et nous pûmes poursuivre notre escapade, après avoir remplacé en urgence l'essuie-glace défaillant.

À 21 heures, Sting commençait à chanter, accompagné de Stewart Copeland et d'Andy Summers, pour un inoubliable concert.

Vers minuit et demie, nous étions à nouveau sur la route, mais en sens inverse. À 8 heures du matin, nous prenions notre petit déjeuner à Toulouse, et j'étais bien entendu à l'antenne à 11 heures ! Lorsque j'annonçai à mon réalisateur que j'avais trouvé formidable le concert de Police, la veille, à Paris, il me répondit simplement en riant :

— Non, ne me dis pas que vous l'avez fait ?

— Bah, si !

— Vous êtes vraiment des grands malades !

Du privé au public

Souvent, les premières sollicitations sont bien moins prestigieuses. Et, si l'on ne croise que très rarement des décideurs de premier plan, il n'est pas rare, en revanche, au hasard des rencontres, de faire connaissance avec l'un de ses proches collaborateurs. Ce fut le cas avec Pauline, bras droit très efficace de Jean-Louis Foulquier, l'un des animateurs piliers de France Inter.

Ce Rochelais, fondateur en 1985 des Francofolies, animait chaque soir « Pollen », une émission musicale qui mettait un coup de projecteur sur la nouvelle génération d'auteurs-compositeurs, avec souvent la complicité des plus anciens. Son émission était programmée juste après celle de Jacques Pradel, sur la même antenne, et les deux équipes se connaissaient bien.

Pauline, avec qui j'étais devenu ami, me demandait souvent pourquoi je ne tentais pas ma chance sur une radio au rayonnement plus large que celui du Poste parisien, qui se concentrait uniquement sur Paris. Même si je me sentais bien « au Poste », je pressentais intuitivement que je commençais à effleurer ses limites.

Sans m'en informer, Pauline avait parlé de moi à Marie-Christine Thomas, qui réalisait « Adrénaline », l'émission présentée par Jacques Pradel. Ce dernier, l'une des plus belles voix de radio de l'époque, s'intéressait chaque soir, de 20 heures à 22 heures, à toutes sortes de sujets plus originaux les uns que les autres. Il s'entourait en outre de jeunes talents, qu'il appelait ses « reporters », pour intervenir dans les sujets sélectionnés qu'ils avaient proposés et le plus souvent réalisés.

Était-ce l'opportunité d'intégrer une grande station ? Le chemin ne risquait-il pas d'être très long au sein de cette radio publique où les fauteuils déjà occupés risquaient de l'être pour de nombreuses années encore ? Après une sérieuse réflexion et avoir quitté Le Poste parisien à la fin de la saison 1983, je me décidai à tenter ma chance, appuyé par Marie-Christine Thomas, auprès de Jacques Pradel. Mais ma seule personne ne suffisait pas, il me fallait lui proposer un sujet susceptible de capter son attention et je n'avais pas vraiment droit à l'erreur. Je devais donc puiser dans mes thèmes de prédilection : la musique, le cinéma, les voyages... C'est la musique qui eut en dernier lieu ma préférence.

Depuis quelque temps déjà, je m'interrogeais sur le devenir de tous ces groupes que j'aimais tant, pour la plupart anglo-saxons, face à l'usure du temps. Tous ceux, chanteurs, compositeurs, guitaristes, instrumentistes de génie qui se rangeaient sous la bannière commune « sex, drugs and rock'n'roll ». Tous ces « héros » survivraient-ils à leur jeunesse ? Pire, les rockers n'étaient-ils pas l'objet d'une malédiction ?

John Lennon, assassiné le 8 décembre 1980 par Mark David Chapman à l'entrée du Dakota Building de New York. Jimi Hendrix, retrouvé mort au Samarkand Hotel de Londres dans des circonstances incertaines. Jim Morrison, « poète maudit », chanteur des légendaires Doors, décédé comme Hendrix à vingt-sept ans dans des circonstances mal élucidées à Paris. Janis Joplin, dite

« Pearl », morte à vingt-sept ans d'une overdose d'héroïne dans une chambre d'hôtel à Hollywood. Brian Jones, enfin, membre créateur des Rolling Stones, retrouvé noyé dans sa piscine, à l'âge de vingt-sept ans lui aussi (le mélange de drogue et de désespoir était-il seul en cause ?).

Cette liste non exhaustive a connu depuis une croissance qui lui confère une actualité morbide. Je ne peux m'empêcher de penser à Kurt Cobain, du groupe Nirvana, dont on ne sait pas avec certitude si sa mort à vingt-sept ans – encore ! – était le résultat d'un suicide ou d'un meurtre. Et bien sûr, plus proche de nous, Amy Winehouse, retrouvée morte dans son lit à son domicile londonien, en 2011, avec 4,16 grammes d'alcool dans le sang… à l'âge de vingt-sept ans !

Il ne me restait qu'un titre à trouver pour présenter mon projet à Jacques Pradel. Je me décidai pour « Rock malédiction, le cimetière des éléphants », avec pour sous-titre : « Un rocker peut-il vieillir ? »

N'ayant pas dans l'immédiat de plan B, ni même le moindre début d'idée valant solution de repli, c'est anxieux que j'arrivai jusqu'à lui pour lui faire de ma proposition. J'imaginais que, bien documenté, j'avais de quoi tenir une bonne trentaine de minutes à l'antenne, soit un quart environ du temps imparti à son direct.

Jacques, ai-je besoin de le préciser, est un grand professionnel de la radio. Sa voix, déjà évoquée, est bien sûr un atout non négligeable, mais il faut ajouter à cela un savoir-faire sans concession. Pour notre premier contact, je n'en menais pas large, n'étant, de surcroît, pas certain que mon univers musical éveillerait en lui le même intérêt. Je lui détaillai donc mon idée, en présence de Marie-Christine Thomas qui me soutenait du regard…

— Génial ! s'écria-t-il, à la fin de mon exposé. On va en faire deux heures !

Deux ans plus tôt, de retour de mon premier séjour à New York, j'avais évoqué une première fois mon idée à Agostino Pantanella, directeur des programmes de Sud Radio, qui s'était déjà montré séduit. Mais nous n'avions pas eu le temps de développer ce projet avant mon départ de la station.

Le contact fut immédiat avec toute l'équipe d'« Adrénaline » et l'aide de chacun me fut précieuse pour préparer mon intervention d'un soir. Car force était de constater que, si mon projet faisait, me semblait-il, l'unanimité, il ne constituait à ce stade qu'un « *one shot* », une émission d'un seul soir.

Le jour J, nous fîmes un savant dosage d'informations, de titres illustrant nos propos et d'interventions d'auditeurs, de plus en plus nombreux au fil de la soirée, réagissant à notre thème.

Le succès était au rendez-vous ! Mieux, les standardistes étaient débordées par le nombre d'appels. Entre ceux qui souhaitaient témoigner, ceux qui en redemandaient, et ceux qui désiraient tout simplement nous faire part de leur satisfaction, le contrat était largement rempli ! Jacques lançait des regards interrogateurs à Marie-Christine, qui semblait fière de son poulain !

Les deux heures nous parurent deux minutes tant le contenu était dense. Les micros une fois coupés, je remerciai une dernière fois l'équipe de son accueil chaleureux, quittai le studio et rentrai chez moi pour réécouter l'émission que j'avais pris soin d'enregistrer. Quelques-uns de mes amis m'avaient laissé des messages de félicitations sur l'archaïque répondeur de ma ligne de téléphone fixe, et mes parents se réjouissaient d'avoir découvert ce soir-là l'existence de Duane Allman, mort en 1971, ou encore de Bon Scott, chanteur du groupe de hard rock AC/DC, décédé, lui, en 1980…

Les semaines suivantes furent des plus calmes et je m'apprêtais à classer mon très court passage sur France Inter au rang de mes bons souvenirs, lorsque le téléphone sonna à nouveau.

— Eh bien alors, qu'est-ce que tu fais ? me demandait Marie-Christine Thomas, à l'autre bout de la ligne. Jacques attend tes propositions !

Si j'avais passé les dernières semaines à concocter des formats d'émissions, je n'avais en revanche pas réfléchi à de courtes séquences pouvant convenir à celui d'« Adrénaline ».

Ce n'est évidemment pas la réponse que je lui fis. Bien au contraire, je lui assenai un bon gros mensonge, en lui affirmant que j'étais justement sur le point de la contacter pour lui proposer des sujets. À peine notre conversation terminée, je me demandai avec anxiété ce que j'allais bien pouvoir lui soumettre…

L'idée me vint en repensant à ma première interview de Gilbert Montagné dans mon émission sur Sud Radio. Je lui avais donné des « Tu vois… » toutes les trois phrases et lui, comme je l'ai précisé, me répondait à chaque fois avec humour : « Je vois même très bien… »

Je brodai sur ce point de départ et présentai mon idée, que j'intitulai : « Les non-voyants sont-ils aveugles ? » Gilbert eut la gentillesse de se prêter au jeu. Il « visionna » d'abord à mes côtés, puis commenta les images que je lui proposais. Le résultat fut saisissant et le sujet obtint à nouveau un joli succès.

Ces courts passages à l'antenne, aussi gratifiants fussent-ils, demandaient en réalité beaucoup de travail. Recherche d'idées neuves à chaque fois, sans garantie qu'elles seraient acceptées, puis, en cas de réponse positive, réalisation du sujet qui pouvait inclure un déplacement de quelques jours dans n'importe quelle région de France. Ensuite, travail en cellule de montage sur les éléments sonores rapportés, et, enfin, intervention à l'antenne au côté de Jacques.

Ayant quitté le domicile de mes parents depuis quelque temps, il me fallait maintenant assurer financièrement mon quotidien. Or, le cachet proposé par la station était minimal. Jacques, qui avait bien compris que ma véritable vocation n'était pas d'être intervenant dans l'émission d'un autre, mais plutôt de tenir les rênes de mes propres projets, m'avait bien proposé l'année suivante, alors que l'émission s'appelait désormais « Contacts », qu'elle occupait la case 9-11 heures chaque matin, de le remplacer à l'antenne si d'aventure il s'absentait, ce qui m'avait sincèrement touché ; mais cela ne se produisit pas assez souvent pour m'assurer un revenu fixe minimum. Toute l'équipe avec laquelle j'étais maintenant très lié se mit à chercher des solutions pour que je ne quitte pas la station.

J'aimerais revenir sur deux d'entre elles…

Bonsoir, José…

Je déchirai l'emballage avec énergie et m'aperçus que mon intuition ne m'avait pas trompé : le premier cadeau que je découvris était bien un transistor.

Deux molettes sur le côté droit permettaient de rechercher la station souhaitée, pour la plus haute ; la seconde servait à allumer, à éteindre et à régler le volume.

L'ensemble était intégré dans une housse en cuir marron foncé. Un cercle percé de nombreux petits trous sur sa façade avant correspondait exactement à l'emplacement du haut-parleur. C'est dans cette housse que se trouvait l'antenne télescopique qu'il me faudrait visser sur le haut de la radio, dans l'espoir de capter des stations jusqu'alors inconnues, ou plus simplement de bénéficier d'un meilleur confort d'écoute dans certaines zones moins bien desservies. Une longue lanière de cuir me permettrait, en outre, de me balader avec ma radio en bandoulière.

Restait à identifier un petit objet enfermé dans un mini-pochon opaque. Un écouteur ! Oui, il s'agissait bien d'un écouteur. Il ressemblait à s'y méprendre aux appareils auditifs qui équipaient jadis les malentendants, à ceci près qu'il était muni d'un long fil qu'il fallait relier au transistor avant usage. Ce n'était pas anodin pour moi, car il me permettrait de m'isoler et, surtout, d'écouter les programmes de mon choix sans que personne ne me reproche de mettre le son trop fort.

*

Cette année-là, mes parents venaient d'acheter une petite maison aux confins des départements de l'Oise et de la Somme, en Picardie. Dargies, c'était le nom du village, était situé à environ cent dix kilomètres de notre domicile parisien. La nationale 1 qui traversait Beauvais reliait rapidement nos deux résidences. Une heure vingt de trajet environ, chaque samedi, en début d'après-midi, et chaque dimanche soir. J'allais enfin pouvoir écouter mes programmes favoris dans notre Dauphine sans que personne y trouve à redire. À l'aller, le sport, et le tournoi des Cinq Nations, en particulier, qui allait débuter ; au retour, le hit-parade…

La pluie fine qui enrobe mon pare-brise n'amoindrit pas sérieusement mon champ de vision. Les essuie-glaces semblent calquer leurs allers-retours sur le tempo de la musique que j'ai pour habitude d'écouter très fort lorsque je suis seul dans ma voiture, si fort que je ne suis pas gêné par le bruit du chauffage presque à son maximum.

21 h 15. La nuit très noire en cette saison d'hiver est tombée depuis quelques heures déjà. Des traces blanches sur l'asphalte semblent indiquer que la température doit avoisiner zéro. La lumière des réverbères se mêle aux puissants faisceaux des spots qu'un bateau-mouche lance en direction des immeubles riverains.

Des reflets argentés dansent sur l'écume bouillonnante de la Seine que je suis en train de longer. Ces milliers de petits reflets se sont substitués au scintillement des étoiles qui, ce soir, ne brillent que par leur absence. La capitale semble déjà endormie. Les Parisiens frileux n'ont-ils pas osé mettre le nez dehors ou, plus simplement, parce que nous sommes lundi, et que ce soir de la semaine est traditionnellement le plus calme ?

Je ne me lasserai jamais de ce spectacle nocturne, sublimé par l'apparition de la tour Eiffel dont j'aperçois maintenant le troisième étage, encore éclairé, qui pointe fièrement son émetteur vers le ciel au-dessus du Champ-de-Mars.

J'y suis monté une première fois en 1967, à l'initiative de la mairie qui offrait une visite guidée à tous les lauréats parisiens du certificat d'études primaires. J'étais l'un d'eux. Nous étions fiers, mon copain Paul et moi, car nous avions su éviter les pièges grossiers des examinateurs. Non, New York n'était pas la capitale des États-Unis, c'était bien Washington ! Oui, Louis XIII était bien le fils d'Henri IV, et non de Louis XII…

Nous avions cependant bien ri lorsqu'un de nos camarades, fan comme nous du tournoi de rugby des Cinq Nations, avait répondu que Murrayfield était la capitale de l'Écosse en lieu et place d'Édimbourg, ce qui ne l'avait heureusement pas privé de son diplôme.

Oui, cette magnifique tour Eiffel est toujours là, fidèle au poste, elle qui suscite toujours autant la curiosité des touristes venus du monde entier. Je viens juste de la dépasser, mais l'aperçois encore dans mon rétroviseur lorsque Philippe Chatel, auteur-compositeur de la comédie musicale *Émilie jolie*, entonne « Mister Hyde ». Au refrain, je l'accompagne de vive voix :

Tu n'savais pas pauvre de toi
Qu'il y a du Mr Hyde en moi...

Hasard ou coïncidence, alors que j'assurais l'intérim de Jacques Pradel, je l'ai reçu quelques semaines auparavant au micro de France Inter pour la sortie d'*Il reviendra*, un livre émouvant consacré à son père, François Chatel, brillant réalisateur de télévision. Si le contact était bien passé entre nous, je n'imagine pas ce soir-là qu'il assurera l'intégralité des arrangements et la direction musicale de mon premier album, *Autrement*, qui sortira en février 2001 !

Je passe maintenant de la rive gauche à la rive droite, en traversant la Seine par le pont de Grenelle, juste en face de ma destination finale : la Maison de la radio.

À cette heure tardive, l'immense paquebot qui abrite l'ensemble des stations publiques semble désert. « Semble » seulement car, hormis les veilleurs de nuit déjà en fonction, une multitude de collaborateurs, éparpillés sur plusieurs étages dans autant de cellules, apportent une dernière touche aux émissions de la nuit. Ils sont là, mais on ne les voit pas, ou peu ! Ils ne se manifesteront qu'à l'heure dite, car la station tourne vingt-quatre heures sur vingt-quatre.

Il est 21 h 50 lorsque, ayant serré la main de mon réalisateur, j'entre dans le studio et m'installe face à lui, après avoir placé un casque audio autour de ma tête, ayant pris soin également de dénouer le long fil torsadé qui va le relier à la console, sans pour autant perturber d'éventuels mouvements.

Un tout dernier réglage du volume sonore afin d'être certain de la bonne intercommunication entre la régie et le studio, je découvre une de mes oreilles afin de rester simultanément attentif à tout bruit extérieur, et me voilà prêt à commencer l'émission. Si ce n'est que…

Oui, si ce n'est que je ne suis pas là, ce soir, pour présenter une émission. Je suis simplement speaker. La direction, satisfaite de mes interventions dans l'émission du matin, m'a en effet proposé de jouer ce rôle. C'est ainsi que je me retrouve chaque soir de la semaine, entre 22 heures et minuit, de permanence derrière le micro d'une des radios les plus puissantes de France pour… ne rien dire !

Je noircis un peu le tableau, diraient les deux témoins visuels de mes trois très courtes interventions : mon réalisateur, déjà évoqué, auquel il faut ajouter le journaliste qui vient à chaque heure précise présenter le flash d'information. L'auditeur entend alors exactement ceci :

— Vous écoutez France Inter, il est 22 heures, le flash est présenté par Philippe Abiteboul. Bonsoir, Philippe !

Philippe livrait alors les infos pendant cinq ou six minutes, puis concluait, en fixant son prochain bulletin à l'heure suivante. J'enchaînais donc avec ces phrases mémorables :

— Merci, Philippe, on vous retrouve à 23 heures. Tout de suite, nous prenons ensemble la direction du Fouquet's où nous attendent José Artur et ses invités, pour une nouvelle édition du « Pop Club ». Bonsoir, José…

Mais José Artur, l'une des voix historiques de France Inter, ne me répondait jamais, et pour cause : une longue intro musicale enchaînait directement sur mon « Bonsoir, José ». Impossible pour lui de me répondre, occupé qu'il devait être par ailleurs avec ses différents intervenants.

Pour moi, commençait alors une interminable attente qui se prolongerait jusqu'à minuit, en croisant néanmoins chaque soir les doigts, malgré toute ma sympathie envers José, pour qu'il y ait une rupture de faisceau et que je doive, dans l'urgence, assurer l'antenne. Car tel est bien le rôle du speaker de permanence : se taire dans 99,99 % des cas, en gardant toujours en tête le secret espoir de l'inattendu problème technique, grave si possible, entre le lieu extérieur où se déroule le direct et le studio, afin de vous offrir, de façon impromptue, une ou deux heures d'antenne… rien que pour vous, et pour vous seulement !

En presque une année de permanence, aucun incident technique ne s'est produit. J'ai donc enchaîné avec optimisme les « Bonsoir, José » quotidiennement, puis, deux heures plus tard, avec une touche de déception, les « Merci, José, on vous retrouve demain soir ».

Oh ! bien sûr, il y a eu cette alerte, un soir où le branle-bas de combat avait été déclenché à la suite d'un « blanc » un peu trop persistant à l'antenne ; mais, le temps de prendre mon souffle et de parer au plus pressé, l'incident n'était déjà plus qu'une fausse joie. C'est évidemment dans l'espoir de me faire remarquer que j'avais accepté ce job, mais aussi pour arrondir mes fins de mois difficiles.

Lorsque tout vous sourit dans ce métier, il n'est pas une interview, une rencontre avec un journaliste qui n'aboutisse à un moment ou un autre au sempiternel : « Vous pouvez nous dire combien vous gagnez ? » Il est impossible de répondre honnêtement à cette question, sans risquer de susciter l'incompréhension d'une majorité de ceux qui vous suivent habituellement. L'écart entre des revenus hors normes, fruits d'un métier qui l'est également, et des salaires majoritairement très inférieurs aux premiers ne constitue pas en soi une information digne d'être divulguée, même si gagner honnêtement beaucoup d'argent n'a, à mes yeux, absolument rien de honteux.

Je me suis toujours interrogé sur la vraie finalité de ce genre de question, d'autant qu'elle disparaît lorsque votre carrière est en berne, fluctuations et turbulences étant de surcroît monnaie courante dans notre métier. Il serait, me semble-t-il, plus judicieux de connaître les revenus de celui qui n'est plus, momentanément ou non, au faîte de sa carrière. Cette moins-value pourrait jouer un rôle de contrepoids, restituer une moyenne plus compréhensible sur la durée, mais cette interrogation n'intéresserait plus personne, sauf à sombrer dans un voyeurisme misérabiliste.

Chaque intervention quotidienne de 22 heures à minuit au titre de speaker me rapportait très précisément 100 francs (15,24 euros) brut en salaire, frais de déplacement de nuit compris. Mais ça, personne ne me l'a jamais demandé !

Heureusement, dans notre métier, accepter des fonctions qui ne semblent pas *a priori* des plus gratifiantes peut avoir des conséquences inattendues et réjouissantes. C'est ainsi que j'eus l'honneur, l'année qui suivit cette période de speaker, de coprésenter, réellement cette fois, toute la soirée de Noël 1985 sur l'antenne de France Inter en duo avec… José Artur ! Un très joli souvenir.

J'ai donc, durant cette période, assuré de nombreux remplacements, essentiellement dans les profondeurs de la nuit. Qu'il est difficile de présenter en direct une émission entre 3 heures et 5 heures du matin ! Ce fut le cas, très temporairement, dans un concept intitulé « Si on comptait les moutons ensemble ». Les quelques fois où j'ai eu à mener à bien cette mission m'ont déprimé. Chaque jour, il fallait rédiger des petites histoires originales censées bercer l'auditeur et le conduire vers de doux rêves. Je ne pouvais m'empêcher de me demander qui pouvait bien écouter ce genre d'émission ? Y avait-il seulement des auditeurs au creux de la nuit ? Car nous n'avions ni retours ni véritables sondages.

Je reste encore aujourd'hui très admiratif de tous ceux qui auront bâti leur carrière autour de ces horaires atypiques qui, faisant fi de l'auditoire forcément restreint, auront réussi à conserver au fil du temps l'énergie des premiers jours.

À 5 heures, je passais l'antenne à l'ami Louis Bozon, une autre grande voix de la station que j'aimais également écouter, hors antenne, me parler avec passion de sa grande amie, Marlene Dietrich, dont il avait partagé le quotidien pendant plus de trente ans. Il commençait sa journée avec fougue et bonne humeur, je terminais la mienne en me demandant, les paupières un peu lourdes, quand j'allais quitter cette époque de transition pour enfin m'affirmer ?

Visites aux Français de l'étranger

Si, grâce à l'équipe de « Contacts », l'émission de Jacques Pradel dans laquelle j'intervenais maintenant souvent, je commençais à faire entendre ma voix, je ne parvenais cependant toujours pas à m'imposer, comme ç'avait été le cas trois ans plus tôt sur l'antenne de Sud Radio. Les postes susceptibles de m'intéresser étaient solidement verrouillés par ceux qui les occupaient, et qui n'avaient aucunement l'intention de céder leurs places avant des décennies.

Mes revenus n'étant toujours pas en adéquation avec la somme de travail que je fournissais, je ne pouvais me permettre aucun écart. Cette période d'apprentissage aura eu néanmoins le mérite supplémentaire de nous apprendre, à ma compagne et moi, à accommoder nos plats de pâtes quasi quotidiens « à toutes les sauces » !

Quelques propositions, heureusement, finirent par se profiler. La plus étonnante émanait d'une radio qui, je dois le reconnaître, n'était pas précisément dans ma ligne de mire, mais qui présentait un certain nombre d'intérêts non négligeables.

Le premier tenait, en cas de concrétisation, au fait de pouvoir conserver mes modestes fonctions sur France Inter. Le deuxième, d'être entouré d'excellents professionnels, journalistes aguerris par des années de reportages sur des terrains difficiles. Enfin, j'aurais le plaisir de m'adresser à plusieurs millions de personnes, éparpillées sur l'ensemble de la planète. Ce qui, paradoxalement, constituait le point fort et le talon d'Achille de cette radio, car ses auditeurs en langue française pouvaient se trouver n'importe où sur la planète, sauf… en France !

Radio France internationale, plus connue sous son sigle RFI, s'adressait essentiellement aux Français expatriés aux quatre coins du monde et, plus largement encore, à un auditoire qui pratiquait notre langue. Un défi intéressant, passionnant même, mais ô combien compliqué techniquement. Apprendre à jongler avec les fuseaux horaires constituait la première difficulté. Trouver le ton juste, la seconde, la façon de s'adresser aux auditeurs variant en fonction de l'horaire : le dynamisme d'une matinale convient difficilement à l'humeur d'une fin d'après-midi.

Au fond, l'exercice me plaisait bien. Passer d'un continent à l'autre, du matin au soir, du jour à la nuit, du petit déjeuner au dîner, en quelques secondes seulement, me procurait une sensation de légèreté. Il fallait parfois, pour cause de décrochage, changer de studio en cours d'émission, accepter de perdre des milliers d'auditeurs pour, instantanément, en récupérer un nombre équivalent, mais avec des mentalités, des coutumes, des modes de vie différents, tout en gardant la même crédibilité. Chaque émission était un véritable marathon dont je ressortais épanoui d'avoir virtuellement croisé autant de diversité.

Mais, en ce milieu de décennie 1980, RFI n'était pas encore diffusée sur la France, ce qui m'obligeait derechef à raconter mes émissions à ceux qui s'y intéressaient.

Je jonglais donc entre France Inter et RFI, avec un obstacle supplémentaire : les horaires des deux émissions se chevauchaient. Il n'était pas rare de me voir courir à toute allure dans les couloirs de la Maison de la radio, mes notes et mes dossiers sous le bras, pour passer d'un studio à l'autre.

RFI était – et demeure toujours un peu – une antenne qui se démarquait de toutes celles qui se multipliaient depuis quelques mois et envahissaient la bande FM. Elle avait une couleur très personnelle, facilement reconnaissable, une sorte de signature sonore, due sans doute à l'homogénéité et l'engouement des équipes, sans cesse à la recherche de la qualité.

Sur ce média, je me sentais, curieusement, à la fois acteur et spectateur, ou plutôt auditeur. Il est vrai que les tranches d'information étaient assez importantes, les nombreux sujets abordés ne l'étaient que fort peu ailleurs. Je les écoutais attentivement et, lorsque je sentais que mon interlocuteur du jour semblait partager le même intérêt, je reprenais le thème pour relancer notre entretien : une sorte d'improvisation consentie qui me permettait de découvrir plus à fond mes invités.

Ces reportages, sur des sujets majoritairement internationaux, avaient, de plus, la faculté d'attiser en moi le goût des voyages. Je plaquais des images sur les mots, j'y associais des paysages, des tenues vestimentaires, des mets aux goûts inhabituels.

Je partageais donc l'essentiel de mon temps entre l'antenne, la recherche d'idées nouvelles et, lorsqu'elles étaient acceptées, leur mise en onde. Lorsque l'inspiration n'était pas au rendez-vous, ou qu'elle ne correspondait pas aux attentes de la production, cette dernière finissait par proposer des solutions de substitution, le plus souvent en province. De ce fait, les voyages, ou plutôt les déplacements, occupaient une place de choix dans mon emploi du temps.

C'est ainsi que je me suis retrouvé un jour à Surgères, en Charente-Maritime, pour passer quarante-huit heures chez un homme qui partageait son quotidien avec une multitude d'araignées toutes plus avenantes les unes que les autres ! J'ajoute que la plupart d'entre elles étaient tout à fait libres d'aller et venir à leur guise. Il y en avait partout, sur le canapé, le long des rideaux, dans les placards. Très étonnamment, elles ne cherchaient pas à s'enfuir. Elles se sentaient bien et se comportaient presque comme des animaux domestiques. Notre homme n'avait rien d'un illuminé, et faillit bien me convaincre que tout cela n'avait rien d'anormal et que ses protégées lui apportaient une sorte de sérénité. Inutile de préciser que, si je me devais de rester professionnel, je n'en menais pas large, et ne me souviens pas de m'être assis une seule fois ou d'avoir accepté le moindre verre d'eau de cet original !

Magnétophone en bandoulière, je crois bien avoir parcouru la France entière, du Gers à l'Alsace, du Finistère aux Alpes-Maritimes, avec de rapides incursions chez nos voisins belges et suisses. Je tendais le micro siglé aux couleurs de la station, relié par un fil à mon énorme Nagra, cet appareil très lourd qui servait aux enregistrements, sans cesse à la recherche de sons nouveaux, voire inédits.

C'est ainsi équipé que je déambulais parfois dans les couloirs du métro parisien où, avec un peu de persévérance, mais aussi un minimum de chance, on pouvait découvrir des pépites de tous ordres. La musique, déjà omniprésente, offrait parfois de très belles surprises.

Sans nous positionner en dénicheur de talents, il nous est cependant arrivé plus d'une fois de donner leur chance à des inconnus, une sorte de « The Voice » avant l'heure, et d'être bluffés par autant de virtuosité vocale et instrumentale, là où l'on ne s'attend pas forcément à la trouver. Les prises de son étaient effectuées en direct des stations, et il nous arrivait d'attirer plusieurs centaines de voyageurs d'abord intrigués, puis captivés.

Je me souviens d'une interprétation mémorable de « Love Of the Common People » qui n'avait rien à envier à la version de son créateur, le chanteur pop britannique, Paul Young. Ovationné dans le métro, notre inconnu avait ensuite été plébiscité par une part importante de notre auditoire. Qu'est-il ensuite devenu ? Question qui demeurera sans réponse, comme ce sera curieusement le cas pour la plupart de ces artistes talentueux croisés entre deux rames, ou plus simplement au coin d'une rue, qui n'auront finalement pas souhaité une médiatisation qui aurait sans doute trop chamboulé leur univers.

J'ai souvent pensé par la suite que ces rencontres programmées ou fortuites avec des centaines et des centaines de personnalités aux caractères bien trempés, mais tellement différents, auront contribué à renforcer mon sens du contact avec des inconnus. J'aurai, plus tard, devenu animateur de jeux, de multiples occasions de constater que cette connexion quasi instantanée aux autres est un avantage très appréciable.

Nos auditeurs, eux, se manifestaient le plus souvent en nombre *via* notre standard, mais également, j'ai peine à l'écrire tant cet objet appartient au passé, par le truchement du Minitel, que l'on présentait alors comme un outil moderne et innovant. S'il le fut certainement, au moins au tout début, il montra ensuite d'autant plus rapidement ses limites que l'ordinateur personnel, en gestation depuis quelques années, faisait déjà quelques furtives apparitions, ouvrant encore plus largement l'éventail de la communication.

La radio, média « chaud » suivant la définition du sociologue canadien Marshall McLuhan, ne faisant appel qu'à un seul de nos cinq sens, l'ouïe, permet, il est vrai, une interaction immédiate avec l'auditeur. Cette opportunité reste aujourd'hui encore un atout incontestable face à la télévision. Le contact avec l'auditeur est non seulement immédiat, mais le plus souvent chaleureux.

On m'a parfois demandé lequel de ces deux médias je préférais, en supposant à tort que la TV était par nature d'une supériorité évidente. Impossible pour moi de répondre à cette question, tant j'ai le sentiment d'aimer passionnément les deux. Les plaisirs sont certes différents, mais d'égale intensité. En mon for intérieur, choisir rimerait avec trahir ! Il ne saurait en être question. Si, chronologiquement, après avoir tout fait pour les séduire, l'une a fini par succéder à l'autre, je n'ai en réalité jamais quitté la première pour la seconde.

Si la TV impose une image, rien n'empêche la radio de la suggérer, voire parfois de la sublimer, en laissant à chacun une libre interprétation du son entendu. Les amateurs de foot le savent bien, eux dont l'émotion peut être décuplée sans rien voir du match qu'ils sont en train de suivre, par simple réaction aux propos démesurés des commentateurs radio.

Cette intention non dissimulée de métamorphoser les sons en images constituait l'une des figures imposées de nos reportages. Hormis l'intérêt pour le sujet lui-même, l'auditeur, souvent occupé à d'autres tâches, devait en avoir une vision immédiate et limpide. Nous ramenions donc le plus souvent des heures d'enregistrement de nos escapades. Il nous fallait ensuite tailler, couper, puis recoller des kilomètres de bandes-son pour les réduire à trois ou quatre éléments d'environ deux minutes chacun maximum.

Le résultat était parfois frustrant pour celui qui avait souvent passé une ou deux journées sur le terrain, suivies d'une dizaine d'heures en cellule de montage. Restait heureusement la satisfaction de présenter un produit fini de qualité à l'antenne.

Chi va piano...

Je continue à ouvrir lentement mes cadeaux.

Chez nous, le 25 décembre était traditionnellement une journée de nonchalance, ponctuée de visites prévues ou non de membres de la famille. Certains ne faisaient que passer, d'autres restaient plus longtemps et finissaient souvent par s'installer pour goûter aux restes du réveillon. Mais les premiers arrivants, je le savais, ne feraient pas leur apparition avant le café d'après déjeuner. J'avais ainsi tout mon temps.

Je continuais donc à feuilleter mon tout nouveau livre sur le cinéma américain. Ce n'était sûrement pas le plus complet, mais il constituerait une bonne base où puiser nombre d'informations afin d'alimenter les conversations avec mes copains, tout aussi passionnés que moi...

Je jetai néanmoins un coup d'œil rapide pour vérifier si, par hasard, ne m'attendait pas aussi un livre sur le sport en général, ou sur les Jeux olympiques en particulier. Les derniers en date s'étaient déroulés à Tokyo l'année précédente et, pour la première fois de ma vie, je les avais suivis, malgré le décalage horaire, en noir et blanc, mais en direct à la télévision.

Mais j'eus beau regarder autour de moi, je n'aperçus aucun cadeau en rapport avec le sport. Un nouveau kimono, car le mien était devenu intégralement rose après un lavage malheureux ? Une paire de baskets toutes neuves ? Des patins à roulettes ?

Non, décidément, rien de tout cela…

*

Le judo, que je pratiquais assidûment au collège, venait pour la première fois d'y faire son apparition mais, à ma grande déception, aucun Français ne s'illustra dans cette discipline. Nous serions même rentrés bredouilles de médailles d'or si un cavalier, Pierre Jonquères d'Oriola, n'en avait remporté une en saut d'obstacles individuel. Une quinzaine de médailles en tout, bronze et argent confondus, récompensèrent des Français restés plutôt discrets, à l'exception de quelques noms que je gravai à jamais dans ma mémoire. Je songe à la nageuse Christine « Kiki » Caron, une jolie jeune femme blonde qui attirait l'attention presque autant pour sa plastique avantageuse que pour ses performances athlétiques de très haut niveau ; mais aussi à Pierre Trentin et Daniel Morelon, magnifiques représentants du cyclisme sur piste, une spécialité très française. J'ai toujours en tête l'image de ces deux grands champions sur leur tandem ; ils devront néanmoins attendre les Jeux de Mexico, en 1968, pour décrocher ensemble le titre olympique.

Mais la vraie star de ces Jeux était un champion éthiopien hors normes : Abebe Bikila. Très jeune, il avait déjà su créer sa légende en courant, toujours pieds nus, les 42,2 kilomètres du marathon. Premier athlète africain médaillé d'or olympique à Rome, en 1960, je le découvrais quatre ans plus tard, alors qu'il renouvelait une seconde fois son exploit.

C'est à compter de ces Jeux de Tokyo, en 1964, que je suis devenu « accro » à toutes les retransmissions sportives de haut niveau. Bien sûr, lorsque j'en ai la possibilité, je vais au stade, essentiellement pour assister aux matchs de football, mais la plupart du temps, c'est devant mon écran que je suis les rendez-vous majeurs.

J'aime la compétition depuis toujours. L'idée de se surpasser me séduit. Le travail effectué est fondamentalement valorisant et l'exploit individuel ou collectif qui, parfois, en découle me laisse admiratif.

J'ai moi-même pratiqué de nombreux sports, sans pour autant devenir un grand champion. Comme la plupart des collégiens, j'ai fait de l'athlétisme et du handball, deux disciplines qui ne demandaient pas d'investissement financier important. Je ne remercierai jamais assez le saut en hauteur de m'avoir offert, pour avoir passé un mètre soixante le jour de l'examen, les trois petits points qui me faisaient défaut pour obtenir mon baccalauréat en candidat libre !

Je me suis dirigé ensuite vers les arts martiaux. Judo dès le CM1, plus tard karaté, mais surtout taï-jitsu ou techniques du corps dans le dojo de maître Roland Hernaez, à Rueil-Malmaison, jusqu'au grade de ceinture noire. Une véritable école de la vie où, dans le prolongement de mon service militaire, nous nous retrouvions ensemble avec tous les élèves deux ou trois fois par semaine, toutes catégories sociales, religions ou origines confondues, pour le seul plaisir de nous perfectionner dans un art qui nous motivait. Les combats étaient âpres, virils, sans concession, mais toujours dans un bon esprit. Bien que sport individuel sur le papier, nous formions une véritable équipe.

J'ai eu des années plus tard l'occasion de constater la fidélité de mes anciens partenaires et adversaires à l'occasion d'un « Avis de recherche », l'émission phare de Patrick Sabatier sur TF1. Les équipes de ce dernier avaient réussi la prouesse de réunir, à mon insu, bon nombre des ceintures noires de mon ancien dojo de Rueil-Malmaison. La surprise fut totale, d'autant que Roland Hernaez, qui m'avait fait l'honneur d'être présent, avait également prévu un kimono supplémentaire, que j'enfilai pendant les publicités, afin de participer à un *randori* (combat) improvisé sur le plateau.

L'émotion ce soir-là ne fut pas feinte, tout comme le plaisir de nous trouver à nouveau réunis. Si je ne pratique plus ce sport aujourd'hui, je n'en ai pas perdu les rudiments et il n'est pas rare de me voir faire quelques mouvements ou, lorsque je suis seul, l'intégralité d'un *kata*, sorte de combat contre un ou plusieurs adversaires imaginaires. La plupart de mes collaborateurs à la télévision en auront souvent été les témoins !

Si, très tôt, j'ai pratiqué les arts martiaux, il me faudra attendre mes seize ans, en revanche, pour chausser mes premiers skis en classe de neige à Saint-Sorlin-d'Arves, en Savoie, avec tous mes copains de seconde. Mes premières descentes furent couplées à mon premier vrai coup de cœur pour « Brigitte », la fille aînée du censeur de mon lycée ! Le ski ne m'a plus quitté. Ce ne fut pas le cas de Brigitte…

Quel dommage, qu'un jour, votre corps vous indique qu'il est l'heure de lever le pied. Ce signal, qui intervient la trentaine passée chez les sportifs de haut niveau, se manifeste heureusement un peu plus tard pour le commun des mortels, nous accordant généreusement, sous forme de dérogation, le droit de pratiquer la marche, la natation, la pétanque et, si vos finances le permettent, un peu de golf !

Sur une idée de Pierre Bellemare

Indépendamment des techniques de communication, ma collaboration à l'émission « Contacts », chaque matin sur l'antenne de France Inter, m'avait initié au montage sonore.

En matière de radio, de télévision ou de cinéma, le montage est un élément d'une importance extrême qui requiert de la part de celui qui officie une maîtrise totale de son art.

Car il s'agit bien d'un art. Un résultat médiocre peut annihiler la réussite d'un bon projet. L'inverse n'est pas vrai : un mauvais projet ne sera jamais sauvé par un bon montage, la casse pouvant tout au plus être limitée.

Le parallèle avec une cave à vin est explicite. Conserver un bon vin quelques années, dans un endroit où température, hydrométrie, lumière et vibration sont parfaitement contrôlées, peut bonifier votre bouteille. En revanche, la garde d'une bouteille de vin de qualité médiocre plusieurs années dans les mêmes conditions n'aura pas d'effet magique, et en fera simplement un mauvais vin vieux !

Le rythme, les respirations, les silences, l'ambiance générale et la discrétion du travail effectué doivent être tels que l'auditeur ne se rende compte de rien. Le montage a en effet cette particularité de n'être réussi que s'il reste indécelable.

Cette corde ajoutée à mon arc me sera fort utile lorsque je serai amené à rencontrer, professionnellement cette fois, Pierre Bellemare.

Nous nous étions croisés à plusieurs reprises lorsque, étudiant, j'étais allé assister à ses émissions de la mi-journée sur Europe 1. Accompagnant, comme je l'ai déjà précisé, la comédienne Marthe Mercadier, j'avais même eu l'occasion de le photographier et d'échanger quelques mots avec lui. Comme je le supposais, il ne se rappela pas mes fugitives apparitions, même si, pour m'être agréable, il fit semblant d'en avoir un vague souvenir.

Pierre Bellemare figure en bonne place dans la liste de ceux qui m'auront vraiment donné envie de faire ce métier. Véritable pionnier en matière de radio et de télévision, comme animateur mais aussi comme producteur, ses talents de conteur, amplifiés par une voix grave et chaleureuse, lui auront permis de laisser une trace indélébile dans le paysage audiovisuel français.

Enfant, comme des millions de téléspectateurs, j'étais captivé par « La Tête et les Jambes », qu'il coprésentait avec Roger Couderc, mais peut-être plus encore par « La Caméra invisible », dont il partagea l'idée avec Jacques Rouland, l'un de ses complices de toujours. Je ne reviendrai pas sur la bonne vingtaine de jeux qu'il a pu lancer ou présenter, ni même sur le fameux « Télé-achat », inspiré du concept américain « Home Shopping Network », où il excellait. Fort de la fibre paternelle, son fils, Pierre Dhostel, a aujourd'hui pris le relais en animant, entre autres, « M6 Boutique ». C'est lui, je crois, qui me parla d'un projet radio qui lui était initialement destiné, mais qu'il ne pouvait mener à bien, faute de disposer d'assez de temps libre. L'idée était simple, astucieuse et ambitieuse à la fois.

Nous étions au début des années 1980, les lois nouvelles, en matière de radio, venaient tout juste d'entrer en application. Il ne se passait pas une journée sans qu'une nouvelle venue ne s'installe sur la toute neuve bande FM, dans une joyeuse cacophonie. Si certaines d'entre elles privilégiaient une programmation musicale plus moderne, d'autres tentaient avec plus ou moins de bonheur d'imiter leurs aînées des grandes ondes, bien plus généralistes. Petites stations indépendantes à l'origine, elles furent très rapidement confrontées à de gros problèmes budgétaires, notamment pour celles, dites locales, qui se trouvaient en province. Faute de ressources suffisantes pour s'offrir des reporters ou des correspondants à Paris, où avaient lieu la grande majorité des événements artistiques, il leur fallait le plus souvent attendre le bon vouloir d'hypothétiques invités. Mais, comme sœur Anne, elles ne voyaient jamais rien venir !

Le raisonnement de Pierre Bellemare, *via* sa société de production Tecipress, consistait simplement à combler ce manque, en proposant à toutes ces radios locales des émissions « clés en main ». Compte tenu de la demande et de mes compétences en la matière, je serais chargé plus particulièrement du cinéma.

Cette proposition me convenait, mais je devrais à nouveau me débrouiller seul, écrire mes textes de présentation, obtenir des extraits sonores des films visionnés, et décrocher des interviews d'acteurs ou de metteurs en scène de premier plan. Or, mon réseau était encore bien mince. Muni de ces différents éléments, il me faudrait, ensuite, construire une émission de caractère, mais suffisamment « passe-partout », pour convenir à n'importe lequel de nos futurs diffuseurs.

Le montage appris à France Inter allait donc m'être d'une grande utilité. Fort heureusement, la société avait mis à ma disposition l'un des proches collaborateurs de Pierre pour le mixage final, car une nappe musicale venait habiller l'ensemble.

Pour ma première, j'étais gâté : je devais monter une émission complète autour de *Réveillon chez Bob*, un film de Denys Granier-Deferre, avec Jean Rochefort et Guy Bedos dans les rôles principaux. Impossible pour moi d'accéder à ces deux grands acteurs par le canal traditionnel, puisque je n'y avais pas encore accès. De plus, le fait d'être un peu le porte-parole de toutes ces radios encore peu connues laissait à penser, qu'au fond, je n'en représentais aucune !

J'avais beau retourner le problème dans tous les sens, je ne trouvais aucune solution autre que le système D. Me souvenant que Jean Rochefort avait été, durant sa jeunesse bretonne, l'ami d'un oncle par alliance de ma compagne, je demandai à ce dernier, s'il avait gardé un contact, d'intercéder en ma faveur. Ce qu'il fit.

Alors que je souhaitais obtenir quelques mots du comédien, quelle ne fut pas ma surprise d'être invité chez lui, à la campagne, et d'y passer un moment inoubliable. Une fois enregistré mon interview, objet premier de ma visite, c'est la journée entière que nous passâmes dans son haras, parlant à bâtons rompus de mille et un sujets, dont ses chers chevaux qu'il me présenta longuement l'un après l'autre.

Au moment de nous séparer, le soir venu, j'avais suffisamment de matière pour réaliser un portrait très complet du comédien. Malicieusement, en me souhaitant bonne chance, il me glissa dans la poche un numéro de téléphone, qui allait me permettre de contacter son complice, Guy Bedos.

On me demande parfois quelles furent les rencontres marquantes de ma carrière. Jean Rochefort en fait partie.

Quelques jours plus tard, je me retrouvai, cette fois, à Garches, en région parisienne, pour y rencontrer Guy Bedos, qui, à son tour, se prêta au jeu, plus brièvement, mais de manière fort sympathique.

Si *Réveillon chez Bob* ne figurera jamais en tête de liste de la filmographie de nos deux acteurs, c'est bien grâce à leur précieux concours que ma première émission obtint un joli succès auprès de toutes les radios locales concernées. Une première version intégrale leur ayant été envoyée, elles purent la diffuser telle quelle avec ma voix, dès réception, afin de coller à l'actualité. Mais une seconde version, « en kit », leur était simultanément proposée, cette fois sans ma voix, l'animateur de la station locale pouvant y substituer la sienne après avoir pris connaissance de l'intégralité des textes de mes questions et commentaires que je prenais soin de lui adjoindre. Cette deuxième possibilité était pour moi un peu frustrante, puisque je m'effaçais complètement ; mais c'était la règle, et je la respectais.

Des dizaines de films et d'interviews suivirent sur l'ensemble de la production cinématographique de ces années 1984-1985, avec, à chaque fois, ce même casse-tête pour décrocher mes rendez-vous. Ce fut néanmoins une très bonne école qui me confirma qu'avec du travail et un soupçon d'astuce, il était toujours possible de parvenir à ses fins.

Les films étrangers constituaient une difficulté supplémentaire, puisque les acteurs étaient rarement présents en France. Je comblais cet obstacle avec des extraits sonores des films que je choisissais avec minutie, afin qu'ils collent aux commentaires que je plaquais ensuite sur la bande musicale. Je me régalai par exemple à présenter *Broadway Danny Rose*, film en noir et blanc de Woody Allen avec Mia Farrow, qui relatait les mésaventures d'un imprésario ringard s'occupant d'improbables vedettes.

Ce furent encore des relations, plus ou moins proches, qui me permirent d'arriver jusqu'au metteur en scène Édouard Molinaro, à qui l'on doit une multitude de comédies devenues des grands classiques, tels *Oscar*, *La Cage aux folles*, *L'Emmerdeur* et bien d'autres encore, pour la sortie de son film *Palace*. La difficulté, cette fois, consistait à rencontrer l'un des deux héros du film : Daniel Auteuil ou Claude Brasseur. Un concours de circonstances me conduisit à rencontrer ce dernier, proche de l'un des seconds rôles du film, lui-même ex-mari d'une des assistantes de production avec qui je travaillais toujours pour l'émission de France Inter...

Je ne peux m'empêcher, en me remémorant cette période, de penser combien la chance et le hasard transformèrent ce qui aurait pu être un véritable casse-tête en une activité à la fois plaisante et valorisante.

Par la suite, les grands groupes médias comprirent rapidement l'intérêt de faire main basse sur toutes ces petites fréquences locales, afin de les regrouper sous forme de réseaux beaucoup plus puissants. C'est encore cette structure que l'on retrouve aujourd'hui sur la bande FM.

Ces regroupements sonnèrent le glas de cette aventure très originale, me laissant la sensation étrange d'avoir appartenu à toutes ces radios sans jamais les connaître !

Mon vieux

— *Philippe, tu viens petit-déjeuner ?*

Ma mère, encore en robe de chambre, m'invitait à rejoindre le reste de la famille dans la cuisine. Affairé autour de mes cadeaux, l'oreillette de mon tout premier transistor au creux de l'oreille, je n'avais pas vu le temps passer.

*

Traditionnellement, nous ne prenions jamais notre petit déjeuner ensemble. Mon père, premier levé, prenait le sien entre 5 h 30 et 6 heures. Chaque jour, le même rituel. Alors qu'il aurait pu choisir l'une des cinq chaises disponibles et s'installer n'importe où autour de la table, puisqu'à cette heure très matinale il était évidemment seul, il s'asseyait toujours exactement au même endroit. Après avoir rempli son bol d'un café préparé la veille, simplement réchauffé dans une petite casserole et dans lequel il ajoutait beaucoup de lait, il beurrait une longue tartine en choisissant le pain rassis de préférence. Je n'ai jamais su si c'était par goût ou pour nous laisser le pain plus frais.

Le rasage, toujours électrique, était l'étape suivante. Cou, joues et menton, toujours en arc de cercle en évitant l'épaisse moustache noire qu'il ne rasa qu'une seule fois à ma connaissance. À peine le temps de prendre la photo pour fixer dans le temps le visage de cet homme qui ne ressemblait plus que de très loin à mon géniteur, et une moustache toute neuve et toute aussi fournie remplaçait déjà la précédente.

La toilette était ensuite rapide mais efficace, avec un soin particulier pour ses cheveux d'une épaisseur qui n'avait rien à envier à sa moustache. Des frictions énergiques au Pétrole Hahn pour donner du volume avaient au fil du temps remplacé le Pento, sorte de gomina ou de gel avec lequel il plaquait initialement ses cheveux. Puis, toujours vêtu de son pyjama, il disparaissait quelques minutes dans sa chambre sans allumer la moindre lampe, afin de laisser maman se réveiller lentement. Il en ressortait habillé, prêt à quitter l'appartement.

C'est toujours à cet instant précis que ma grand-mère, qui s'était levée encore plus tôt pour s'assurer discrètement que mon père n'avait pas eu de panne d'oreiller, lui tendait une sorte de cartable dans lequel, outre un certain nombre de papiers de tous ordres, se trouvait un objet qui me fascinait : une petite boîte rectangulaire, assez haute, qui répondait au doux nom de « gamelle » ! À l'intérieur, un repas complet et copieux pour le déjeuner. Je me demande encore comment ma grand-mère parvenait à faire tenir autant d'aliments dans un espace aussi réduit sans les transformer en bouillie. L'intérieur compartimenté permettait d'isoler chacun des mets sélectionnés et de réchauffer ensuite certains d'entre eux au bain-marie. Un menu différent chaque jour attisait souvent la convoitise de ses collègues, qui se contentaient le plus souvent d'un sandwich.

Alors, j'entendais la porte d'entrée se refermer, sans trop de discrétion, comme pour nous dire « À ce soir ! ».

À grandes enjambées, il rejoignait la porte de Clignancourt, direction place de la République, puis la très proche rue de Malte, dans le XIe arrondissement, où vers 7 heures, premier arrivé, il ouvrait l'atelier. Sa longue journée de travail commençait.

Au même moment, ma mère ouvrait un œil. Je ne tardais pas à faire de même. Nous n'avions pour autant pas vraiment le loisir de discuter, car j'étais souvent en retard et n'avais que le temps d'avaler le café noir tout frais qu'elle venait de me préparer. Je profitais ensuite des quelques minutes de battement qu'elle passait dans sa chambre à refaire son lit, pour la prendre de vitesse et occuper le premier ce qui nous tenait lieu d'unique salle de bains, à savoir un évier caché par un rideau. Rideau ouvert, c'était l'endroit pour laver la vaisselle : accès autorisé à tous. Rideau fermé, c'était la salle de bains : entrée interdite !

Lorsque, parfois, j'étais prêt avant qu'elle ne revienne, il m'arrivait, pour la taquiner, de laisser couler un petit filet d'eau et de m'éclipser sans ouvrir le rideau. Alors, de ma chambre, j'entendais la voix de ma mère, sans doute trop patiente, s'adresser, sans le savoir, à un rideau :

— Philippe, sois gentil, dépêche-toi, tu vas finir par me mettre en retard !

C'était le moment que je choisissais pour réapparaître, mais cette fois derrière elle :

— Au revoir, maman, à ce soir !

Comprenant la supercherie, elle s'exclamait simplement :

— Oh ! Toi, alors… tu ne pars pas sans embrasser ta mère.

Je lui faisais un bisou très sonore, puis me dirigeais rapidement vers la porte où j'entendais une seconde voix m'interpeller :

— Et ta grand-mère ?

Après un bisou supplémentaire, j'ajoutais simplement, pour les faire enrager :

— Si je suis en retard, ça sera votre faute !

Puis je filais à toute vitesse, longeant en courant l'hôpital Bichat jusqu'au métro porte de Saint-Ouen.

Ma mère et ma grand-mère s'entendaient à merveille. Je sais que la seconde faisait des comptes rendus détaillés me concernant à la première, qui feignait ensuite de ne pas être au courant. C'était une sorte de chassé-croisé où chacun savait que l'autre savait, mais faisait semblant de ne pas savoir !

Du cours préparatoire au cours élémentaire première année, c'est ma grand-mère qui me conduisit chaque matin jusqu'à l'école, non sans avoir fait un arrêt chez le marchand de bonbons, afin de faire provision de Carambar, Malabar et autres mistrals gagnants dont nous raffolions tous.

La « récré » de 10 heures donnait lieu à de véritables séances de troc au résultat parfois un peu étrange. Un Malabar pouvait être échangé contre un roudoudou, ce dernier contre un bâton de Zan qui pouvait valoir deux boules de coco, lesquelles, ainsi réunies, permettaient de s'offrir une sucette caramel, bien trop longue à manger avant que la cloche de reprise des cours ne retentisse. Fort heureusement, la sucette trouvait facilement preneur contre… un Malabar ! Nous reprenions ensuite la classe, unanimement persuadés d'avoir fait une bonne affaire.

Ceux qui n'avaient pas de bonbons sur eux pouvaient également tenter de les gagner aux billes ou aux osselets, suivant la mode du moment ou la saison. Une cotation saisonnière que nous prenions très au sérieux était établie par un élève qui recueillait notre confiance. Comme à la Bourse, le cours des bonbons ou de chacun de nos objets pouvait varier sensiblement d'un mois à l'autre ; mais en matière de billes, l'équivalence était invariable et établie comme suit :

— une cale (bille en verre de couleur) égale dix billes ;

— un calot (grosse cale) égale cinq cales, soit cinquante billes.

Si j'avais pu imaginer à dix ans que, trente ans plus tard, une chaîne de télévision (TF1) sortirait une série de calots magnifiques, dont un à mon effigie, et qu'ils deviendraient de véritables collectors !

Le samedi matin, c'était ma mère qui, en ce jour de repos, me conduisait à l'école. Elle en profitait parfois pour faire un point sur mon travail avec la maîtresse. J'étais plutôt bon élève et raflais presque chaque année le prix de récitation. Je m'inspirais de Jean-Marc Tennberg, un comédien poète qui, dans ces années 1960, déclamait des vers à la télévision, de François Villon à Jacques Prévert, seul face à la caméra, un ou deux soirs par semaine. Ce personnage insolite me fascinait, tant son art de réciter frôlait la perfection. Parfois, même, il parvenait à me donner la chair de poule, rien qu'en interprétant une fable aussi connue que « Le Corbeau et le Renard ». J'avais l'impression qu'il jouait parfois avec les yeux, tant son regard était puissant. J'ai récemment repensé à lui, en écoutant Fabrice Luchini, autre grand comédien dans un registre similaire.

Jean-Marc Tennberg, que l'on peut revoir notamment dans *Nous sommes tous des assassins* d'André Cayatte ou encore *French Cancan* de Jean Renoir, mourut prématurément dans un accident d'avion en 1971. Je lui dois le plaisir d'apprendre des récitations qui, pour certains de mes camarades, étaient un vrai fardeau, la découverte précoce de l'œuvre de Jean de La Fontaine et, qui sait, les prémices d'une carrière de comédien.

C'est justement ma mère qui me faisait réciter les différents textes que je devais apprendre. Nous avions commencé ensemble, dès mon plus jeune âge, avec les récitations et les théorèmes de mathématiques, et cette collaboration s'est poursuivie jusqu'à ma maîtrise en droit. Elle était sans indulgence à mon égard, et m'arrêtait à la moindre erreur, ce qui, lorsque je n'étais pas au point, finissait par m'agacer. J'ai souvent fait preuve de mauvaise foi en lui disant, en droit essentiellement, que ma version des faits, quoique différente de celle du polycopié, avait au fond la même signification, mais qu'il était normal qu'elle ne s'en rende pas compte, n'étant pas juriste !

Lorsque j'abusais, elle reposait le livre et, tranquillement, me disait : « Il est tard, on reprendra demain ? », me laissant ainsi astucieusement une chance supplémentaire d'améliorer ma performance.

Les rares fois où nous partions ensemble le matin, c'était certains jeudis, lorsque je devais me rendre chez le dentiste. Aussi curieux que cela puisse paraître, j'adorais ça ! Hormis le fait de passer un moment avec ma mère, c'était l'occasion de prendre l'autobus et de traverser presque tout Paris du nord au sud. Porte de

Montmartre-gare Montparnasse, au moins une heure de transports en commun, quel plaisir !

Si le dentiste était si éloigné de notre domicile, c'était parce que maman travaillait dans ce quartier. Je faisais donc l'aller en sa compagnie, mais, mon rendez-vous terminé, je rentrais seul. Le 95 qui assurait la liaison était un bus à plateforme, et c'était là ce qui faisait ma joie. Je descendais presque à chaque station, je le laissais redémarrer, puis je courais derrière, sautais sur la plateforme et reprenais mon souffle au plus vite afin de recommencer à la station suivante. Quelle ne fut pas ma tristesse le jour où l'arrière des bus fut refermé au profit des portes à soufflets latérales... Ces trajets en bus ou en métro constituèrent-ils, sans que je m'en doute, les prémices de ma passion des lointains voyages ?

Nous aimions, ma mère et moi, nous remémorer une anecdote qui, à l'époque, l'avait pourtant perturbée.

Un matin d'hiver, alors que j'étais très en retard, j'étais parti seul en courant jusqu'à l'école, vêtu d'un pantalon, d'un sweat usagé et d'une vieille paire de tennis. Dans le courant de la matinée, la neige s'était mise à tomber et la maîtresse ne voulait pas me laisser rentrer chez moi ainsi vêtu.

Le samedi suivant, ma mère était convoquée chez le directeur qui, avec un petit sourire compatissant, lui tendit un paquet en provenance de la mairie. N'en présumant pas le contenu, elle l'ouvrit aussitôt. Quelle ne fut pas sa surprise de découvrir ce qu'il renfermait : une cape et une paire de godillots noirs montants ! Le directeur s'empressa d'ajouter :

— Pour votre fils. C'est à sa taille. L'hiver risque d'être rude cette année.

Si l'intention était fort louable, elle n'avait aucune raison d'être. Ma mère me lança un regard interrogateur, puis, confuse et un peu vexée, trouva rapidement des arguments afin de justifier ma tenue. Il y avait méprise, nous avions fort heureusement le nécessaire pour me vêtir chaudement. Elle conclut en jurant que cela ne se reproduirait pas. Le directeur finit par admettre le malentendu. En revanche, et durant les mois qui suivirent, plus question pour moi de partir à l'école sans un rapide contrôle vestimentaire.

Si mes résultats étaient dans l'ensemble assez bons, mon tempérament expansif me conduisait souvent à faire quelques heures supplémentaires. Combien de fois, en retenue, ai-je dû copier à tous les temps de l'indicatif : « Je ne dois pas bavarder avec mon voisin pendant la classe », avec des variantes telles que : « Je ne chahute pas pendant l'interclasse », ou encore : « Je n'envoie pas de boulettes en papier (ou de petits morceaux de craie) quand mon professeur a le dos tourné. » Il m'arrivera même d'avoir à rédiger des formules similaires en anglais !

Conjuguer ne représentait pas vraiment une punition pour moi car je faisais plutôt bon ménage avec la grammaire. Les phrases à recopier, en revanche, étaient chaque fois plus longues et c'était très pesant. Ça l'était plus encore lorsque le prof se trompait de coupable, ou encore quand, incapable de l'identifier, nous écopions de la sempiternelle punition générale. Évidemment, à partir de la classe de sixième, nous savions avec précision jusqu'où nous pouvions aller et avec qui.

Mon caractère affirmé était à double tranchant. Il pouvait parfois me coûter quelques points dans la colonne « conduite » de mon bulletin scolaire, ce qui n'altérait en rien mes résultats ; mais il me rendait par ailleurs très « populaire » auprès de mes camarades, qui me plébiscitaient presque chaque année à l'élection du chef de classe. Ils voyaient en moi un représentant qui n'hésiterait pas à tenir tête à un enseignant afin de défendre au mieux leurs intérêts, ce que je faisais d'ailleurs sans retenue. Il est vrai que nous nous connaissions tous très bien, puisque nous avions fait la route ensemble, du cours préparatoire (CP) à la troisième, l'école primaire et le collège (CEG) se trouvant dans la même enceinte.

C'est peut-être pour cela que j'ai pris tant de plaisir à étudier le droit, plus tard, en vue de devenir avocat et de défendre des causes en apparence indéfendables.

Balade rocambolesque au Viêtnam

Je me suis souvent retrouvé à jouer dans divers contextes ce rôle de porte-drapeau de mes copains, pendant mes études, auprès de mes équipes à la télévision, mais aussi, plus récemment, d'un petit groupe de personnes qui ne se connaissaient même pas !

C'était un soir de septembre 2009. En me baladant sur des sites de voyagistes, je découvre que l'un d'eux propose un séjour de presque trois semaines au Viêtnam dans de très bonnes conditions, pour un prix dérisoire. Un grand périple individuel du nord au sud, de Hanoï à Hô Chi Minh-Ville (ex-Saïgon), avec une jolie balade en jonque parmi les dizaines d'îlots de la mythique baie d'Along, une visite de la cité impériale à Hué, au centre du pays, l'opéra et le mausolée de Hô Chi Minh à Hanoï, une multitude de villages authentiques, pour terminer après un court séjour balnéaire par les visites des différents édifices coloniaux de Saïgon !

Je rêvais devant l'écran de mon ordinateur, sans manquer de m'interroger sur le fait qu'un voyage aussi complet coûtât si peu cher. Un petit chronomètre indiquait qu'il restait deux heures pour profiter de ce prix exceptionnel. Ensuite, il faudrait le multiplier par cinq pour bénéficier de la même prestation. Ce voyage me convenait d'autant mieux qu'il tombait très exactement dans le laps de temps dont je disposais entre deux enregistrements de « L'École des fans », que je présentais cette année-là sur la chaîne Gulli.

On entrait maintenant dans le dernier quart d'heure, il me fallait prendre une décision rapidement. Ma compagne me poussait à souscrire. Catherine, une amie de longue date à qui je venais d'en parler au téléphone, était prête à nous accompagner. À cinq minutes de la fin du décompte, je cliquai donc sur la touche qui officialisait notre départ début décembre.

Le lendemain, je retournai sur le site. Il proposait toujours notre voyage, mais le prix, comme annoncé, avait subi une inflation exorbitante. J'étais rassuré et heureux d'avoir fait une bonne affaire.

Les semaines s'écoulèrent ensuite sans aucune nouvelle, ce qui, deux semaines avant notre départ, commença à m'inquiéter, d'autant que l'entrée au Viêtnam est subordonnée à l'obtention d'un visa dont devait normalement se charger l'organisateur.

Je me rendis à nouveau sur le site. Disparu ! J'avais noté, le soir de mon inscription, un numéro de téléphone que je m'empressai de composer. Une fois, deux fois, dix fois, personne pour me répondre. D'après les rares informations que je pus obtenir, la société organisatrice venait de déposer le bilan. Je m'apprêtais donc à tirer un trait définitif sur notre voyage et sur la somme que j'avais intégralement réglée dès mon inscription.

Alors que j'avais déjà programmé des rendez-vous pour la semaine suivante, je composai machinalement le numéro une dernière fois, l'avant-veille de notre présumé départ. Contre toute attente, un « Allô ! » retentit à l'autre bout de la ligne. Interloqué, je faillis presque raccrocher, me ravisai et expliquai ma situation à l'inconnu. Il me confirma la faillite du voyagiste, s'empressant d'ajouter que mon voyage était le dernier maintenu, nonobstant de possibles modifications de parcours et d'hébergement.

Quarante-huit heures plus tard, nous voici donc à l'aéroport Roissy-Charles-de-Gaulle devant un guichet improvisé, face à une personne incapable de me fournir aucune explication, sauf à m'indiquer qu'elle me remettait trois billets aller simple Paris-Hong Kong sur Air France.

— Et pour le reste ? lui demandai-je.

— Normalement, un correspondant vous attendra à la descente de l'avion pour vous donner vos titres de transport Hong Kong-Hanoï, ainsi, je l'espère, que d'autres informations.

Faute de précisions supplémentaires, nous hésitions à monter dans l'avion, mais l'attrait de l'inconnu finit par l'emporter. Au pire, nous visiterions pendant quelques jours cette ville immense que l'on disait radicalement différente de la République populaire de Chine où elle était enclavée… avant de rentrer en France par nos propres moyens.

Notre Airbus avait décollé depuis un peu plus de trois heures, le vol était très agréable, lorsque, autour de nous, captant des bribes de phrases de nos voisins, nous décelâmes une certaine anxiété. Certains voyageurs semblaient en proie aux mêmes doutes que nous. M'ayant reconnu, et comprenant que notre destination finale était semblable, ils étaient un peu rassurés. Il y avait néanmoins une différence de taille. Si j'avais choisi le Viêtnam, ce n'était pas le cas de la plupart d'entre eux. Les uns devaient se rendre à Cuba, d'autres au Brésil, au Sénégal ou encore ailleurs. En tout, une quinzaine de personnes qui voyageaient individuellement et qui se retrouvaient à former un petit groupe volant vers une destination qu'il n'avait pas choisie, dernière chance de ne pas perdre les sommes versées initialement.

À Hong Kong, un représentant local nous attendait en effet avec le nécessaire pour la correspondance jusqu'à Hanoï ; mais, une fois encore, il nous laissait dans l'expectative pour les journées à venir.

L'arrivée dans la capitale du Viêtnam du Nord fut des plus rocambolesques, d'abord parce que nous n'étions pas en possession de nos visas pour entrer officiellement dans le pays, ensuite parce que, cette fois, personne ne semblait disposé à nous prêter la moindre attention.

Après une réunion expresse avec mes compatriotes, nous décidâmes que je serais chargé de négocier notre passage avec les douaniers. Pour être franc, je ne sais toujours pas aujourd'hui ce qui finit par convaincre nos « amis vietnamiens » de nous octroyer, assez rapidement, un visa temporaire. Était-ce ma force de persuasion (!)… ou l'important bakchich que j'avais pris soin de glisser discrètement au creux de la main de celui qui semblait avoir seul le pouvoir de décision ?

Ensuite, début de l'attente dans le hall de l'aéroport. Elle nous semblait d'autant plus longue que la fatigue commençait à se faire sentir. Les minutes défilaient et, vu l'heure tardive, nous commencions réellement à nous demander où nous allions bien pouvoir passer notre première nuit tonkinoise. C'est alors qu'une jeune femme quelque peu essoufflée, mais très souriante, fit son apparition, s'excusant d'être en retard, et nous indiquant que des véhicules nous attendaient pour nous conduire à l'hôtel.

Ce scénario devait ensuite se reproduire quasi quotidiennement pendant les presque trois semaines que dura la découverte de ce pays magnifique et très accueillant. Sans jamais préjuger de quoi seraient faits nos lendemains, nous finîmes par passer un inoubliable séjour. Le suspense fut maintenu jusqu'au bout, puisque quelques heures à peine avant le vol retour, nous n'avions toujours pas récupéré nos billets d'avion !

New York, New York !

Si j'ai perdu de vue mes copains de l'école primaire, je suis toujours resté en contact avec mes amis du lycée, qui, pourtant, ont suivi des chemins professionnels très différents du mien.

La musique et la guitare, en particulier, sont restées un trait d'union indéfectible. Lorsqu'il nous arrive de nous réunir, nous avons l'impression de ne jamais nous être quittés. Presque instantanément, nous retrouvons nos automatismes et notre complicité est intacte. J'ai la conviction qu'une amitié vraie ne s'oublie jamais. Pour autant, nous ne ressassons pas en boucle le « bon vieux temps » ; mais, malgré nos différences, un je-ne-sais-quoi inexplicable ressurgit à chaque fois, empêchant notre lien de se dissoudre avec le temps.

Schéma similaire, mais pour des raisons différentes, avec mon petit groupe d'amis de la fac. La fibre artistique joue également un rôle, mais elle se manifeste d'une autre manière. La musique pop-rock est le socle de ma complicité avec les premiers. L'entente avec les seconds repose sur le théâtre, le cinéma, la littérature, ainsi qu'une forme de musique plus classique. Peut-être est-ce tout simplement parce que j'ai connu les seconds plus tardivement, dans un contexte de culture au sens plus large.

C'est ainsi qu'en 1981, alors à Sud Radio, je profitai d'un mois de vacances pour concrétiser un rêve qui remontait à l'époque où je regardais les noms de villes prestigieuses plaqués sur la façade de l'énorme poste de radio qui trônait dans notre cuisine. L'une d'elles me fascinait un peu plus que les autres : New York !

C'est avec Anne que je traversai pour la première fois l'Atlantique. Je l'avais également rencontrée sur les bancs de la fac. Des années plus tard, elle deviendrait ma femme et la mère de nos deux enfants, Julia et Pierre.

Nous partions retrouver Marc, avec qui nous avions fait nos études et qui avait décidé de poursuivre les siennes aux États-Unis. Il s'était installé depuis plusieurs mois dans le Village, qu'on appelait encore à l'époque « Greenwich Village », quartier historique du sud-ouest de Manhattan, bastion des tendances artistiques, de la culture alternative et des ambiances apaisantes.

Notre ami nous avait prêté son studio sur Sheridan Square pour le mois entier, afin d'appréhender la ville non en touristes, mais plutôt comme des résidents à part entière, curieux néanmoins de tout ce qui fait la spécificité de leur ville.

Nous avons adoré faire nos courses à 2 heures du matin, au supermarché en face de chez nous, biper à distance notre répondeur, ce qui n'était pas encore possible en France, faire du roller à Central Park, applaudir David Crosby (du célèbre trio Crosby, Stills and Nash) au modeste LoneStar Café, arpenter les galeries des prestigieux Metropolitan Museum et Museum of Modern Art, ainsi que du Guggenheim, héler parfois l'un des très nombreux taxis de couleur jaune qui sillonnent, tel Robert De Niro dans le cultissime *Taxi Driver*, rues et avenues vingt-quatre heures sur vingt-quatre, ou tout simplement zapper d'une chaîne à l'autre à toute allure sur les dizaines de canaux que proposait notre téléviseur.

Nous avons beaucoup moins goûté, nous qui utilisions surtout les transports en commun pour nos déplacements, de nous retrouver, un soir, en plein cœur d'un Harlem encore dangereux au tout début de ces années 1980, faute d'avoir emprunté le métro dans le bon sens. À cette époque, en effet, la criminalité atteignait des sommets dans ce quartier. Les agressions, conséquence de la guerre des gangs, d'un trafic de drogue très soutenu et d'un taux de chômage hors normes, étaient monnaie courante.

Un « Blanc », il fallait bien le constater, ne pouvait pas, sauf à mettre sa vie en danger, se risquer à dépasser la bordure nord de Central Park. C'était précisément ce qu'Anne et moi venions de faire, en montant par inadvertance dans une rame de métro express, au lieu d'un « local », sorte d'omnibus qui emprunte un trajet semblable et duquel nous aurions pu descendre à la station suivante. Inutile de préciser que la méprise fut de courte durée, dès lors que nous ne marquions aucun stop. À peine sortis du métro, nous reprîmes sans perdre la moindre seconde le chemin en sens inverse.

Cette anecdote fera peut-être sourire le lecteur qui s'est rendu dans ce quartier au début des années 2000, période au cours de laquelle l'ancien président Bill Clinton y a installé ses bureaux, dès sa sortie de la Maison Blanche. Depuis lors, en effet, Harlem s'est embourgeoisée. L'Apollo Theater, mythique salle de spectacle, a retrouvé une seconde jeunesse. Les marques internationales s'y sont installées, les messes gospel sont devenues très tendance, et l'immobilier de grand standing est quasiment devenu la règle.

C'est lors de ce premier séjour dans ce pays, où même le président Reagan, fraîchement élu, était un ancien acteur, que j'ai vraiment découvert les comédies musicales. Je n'en avais jamais vu en France où ce genre de spectacles n'était pas encore très prisé des spectateurs, même si, grâce aux talentueux Michel Berger et Luc Plamondon, l'opéra rock *Starmania*, sorti l'année précédente, commençait à dépoussiérer le genre.

Notre ami, Marc, également féru en la matière, fut notre guide éclairé pour choisir les spectacles les plus étonnants à l'affiche cette saison-là à Times Square, à l'intersection de la 42e Rue, de Broadway et de la 7e Avenue. La multitude de gigantesques panneaux lumineux restera à jamais gravée dans ma mémoire, d'autant que, depuis, j'y suis retourné à de nombreuses reprises.

Très ouverts au monde artistique, nous ne partagions pas forcément le même avis. Nos points de vue étaient, parfois, radicalement opposés, ce qui nous entraînait dans des discussions animées en prolongement du spectacle que nous venions de voir.

Ensuite, après avoir continué à disserter autour de notre énième hamburger, il nous arrivait de tenter notre chance, afin de pénétrer dans le fameux Club 54, incontestablement le *nec plus ultra* de la musique et de la branchitude new-yorkaise du moment. Plus question de parler, sauf à répéter sans cesse : « Tu as vu, c'est... », ou à l'inverse : « Quoi... tu ne l'as pas vu ? », tant nous croisions de célébrités...

Pouvions-nous imaginer, dans l'euphorie de cet automne 1981, que vingt ans après être montés jusqu'au cent dixième étage de l'une des deux Twin Towers, pour contempler Manhattan d'en haut, une tragédie historique se jouerait au World Trade Center ? Certes, la décennie précédente avait vu l'éclosion sur écrans géants des films catastrophes, et *La Tour infernale* avait obtenu l'Oscar du meilleur film… mais ce n'était que du cinéma !

Yes we Cannes !

Le cinéma était au cœur de nos envies. Celle, notamment, de participer au prestigieux Festival de Cannes, mondialement reconnu comme l'un des temples de la cinéphilie.

Nous nous étions promis, avec notre petite bande de la fac, d'assister ensemble à une édition, au moins. L'occasion se présenta avec celle de 1981, dont l'ouverture était programmée le 13 mai, trois jours après l'élection présidentielle. Étant donné ma fonction à Sud Radio, je pouvais aisément obtenir les accréditations nécessaires pour assister aux différentes projections. Encore me fallait-il passer l'obstacle du correspondant attitré, qui voyait d'un très mauvais œil mon éventuelle arrivée sur la Croisette. Usant de diplomatie, nous convînmes qu'il assurerait les interventions quotidiennes et que je n'interviendrais qu'à l'occasion d'une unique émission spéciale.

Ce *deal* m'allait très bien, d'autant plus qu'il me permettrait d'effectuer sereinement et sans aucune pression mes premiers pas dans cet univers nouveau. Par la même occasion, j'y rejoindrais Anne et Frank, qui s'y trouveraient également.

Un problème de taille subsistait néanmoins. Sud Radio ne disposant pas du budget suffisant pour loger sur place deux intervenants, je devrais me débrouiller par mes propres moyens. Les locations situées dans un périmètre raisonnable durant cette quinzaine, bien qu'affichant des prix totalement prohibitifs, étaient déjà complets.

Je commençais à me demander si ce projet n'était pas mission impossible, quand ma mère vint une nouvelle fois à ma rescousse, en me proposant une solution pour le moins inattendue. L'une de ses relations professionnelles possédait en effet un petit voilier amarré dans le port de Cannes, et acceptait de nous le prêter le temps de la manifestation, tout en nous précisant qu'il n'avait pas encore été préparé pour naviguer cette saison, et qu'il n'y aurait donc pas d'eau à bord ! Cette solution de secours fut d'autant plus vite adoptée qu'elle était la seule.

Nous nous retrouvâmes donc à bord de ce petit bateau, ce qui nous permit de profiter pleinement du Festival, mais donna lieu à certaines situations cocasses. L'intérieur était quelque peu exigu et nous devions y loger à trois, mais le problème majeur était l'absence d'eau à bord. Un long tuyau, relié à une arrivée d'eau froide sur le ponton, était notre seul recours pour faire notre toilette : des douches quotidiennes matin et soir, en extérieur et en caleçon, au vu et su de tous les festivaliers quelque peu étonnés de nous voir nous raser, nous savonner, nous shampouiner et nous rincer en public. Mais nous n'avions pas le choix. Celle de la fin d'après-midi était de loin la plus appréciée car nous commencions quasi nus pour terminer en smoking, nœud papillon, chaussures vernies, avec en prime quelques applaudissements de temps à autre. Le point d'orgue fut atteint le jour où nous prîmes notre douche, toujours en extérieur, sous une pluie battante… Un succès fou !

Ces deux semaines d'un mode de vie très original me laissent un souvenir bien plus intense que la sélection de cette année-là, que je trouvai quelque peu décevante…

« Cocktail maison »

Ma carrière d'animateur se dessinait lentement sur l'antenne de France Inter, même si je n'avais toujours pas décroché ma propre émission.

Je sentais bien un début de frémissement à travers le courrier d'auditeurs que je commençais à recevoir, mais l'écho n'était pas encore suffisant pour atteindre l'étage de la direction. Je poursuivais également ma collaboration avec Radio France internationale, mais je savais pertinemment que ce rôle d'équilibriste des ondes, aussi plaisant et formateur fût-il, ne me conduirait pas jusqu'aux portes que je souhaitais ouvrir.

Si l'émancipation de la bande FM avait permis à de nombreuses stations de s'y installer avec l'espoir affiché de perdurer, les chaînes de télévision restaient encore figées dans un immobilisme quelque peu décourageant, même si l'on annonçait depuis quelques mois déjà, en cette année 1984, l'arrivée prochaine d'une chaîne qui occuperait un quatrième canal.

Cette chaîne à péage serait la première en France à être privée, et nécessiterait l'utilisation d'un décodeur sans lequel l'image serait brouillée. Un horizon nouveau s'ouvrait sur lequel un léger flou planait encore, même si l'on semblait se diriger vers une programmation essentiellement axée sur le sport et le cinéma, comme c'était déjà le cas des « Pay TV » américaines.

J'essayais donc de suivre au plus près l'avancement de ce projet, sans néanmoins me bercer d'illusions, fort de mes tentatives infructueuses auprès des trois chaînes déjà existantes. Il faut dire que les portes qui y donnaient accès ne s'entrouvraient que trop rarement et si, d'aventure, c'était le cas, encore fallait-il y connaître quelqu'un, au risque de se prendre cette même porte dans la figure !

En manque de sang neuf, l'univers télévisuel semblait figé dans des formats poussiéreux et usés, notamment en journée. Si je restais fidèle à quelques standards, tels « Champs-Élysées » de Michel Drucker, « Le Théâtre de Bouvard » de Philippe Bouvard, ou encore certaines émissions du « Dimanche Martin » de Jacques Martin, je commençais, pour la première fois, à m'ennuyer un peu devant mon écran de télé. Moi, le passionné qui naguère allumait son poste quand les programmes n'étaient pas encore commencés, enchaînait les différentes mires qui précédaient l'apparition de l'horloge à spirale, se régalait à déchiffrer les rébus sur les wagons du petit train d'« Interlude », ne ratait jamais la « Séquence du spectateur », « Monsieur Cinéma », « Au théâtre ce soir », qui vibrait en écoutant les huit mesures introductives du *Te Deum* de Marc-Antoine Charpentier qui servait d'indicatif à l'Eurovision, moi, l'aficionado de feuilletons français et américains, des « Grands Enfants » ou de « L'Ami public numéro un », oui, c'est bien cela : je m'ennuyais !

C'est dans ce contexte qu'Anne m'annonça un soir que Marthe Mercadier, avec qui elle collaborait au sein de l'association AFDA pour soutenir la cause des femmes dans le domaine artistique, l'avait informée que le réalisateur Georges Folgoas recherchait quelqu'un pour seconder sa femme, Claude, dans la programmation artistique d'une émission d'été, en vue d'une diffusion sur TF1. Anne, spécialiste de musique classique, pressentie dans un premier temps, pensa immédiatement que cette fonction me correspondrait mieux.

Georges Folgoas était en matière de réalisation d'abord, de production ensuite, un des grands noms de la télévision des années 1960-1970. Il avait réalisé la toute première messe diffusée en direct, les « Sacha Show » avec Sacha Distel, un grand nombre d'épisodes de « Au théâtre ce soir », de « Midi-Magazine » (où officiait le duo Jacques Martin-Danièle Gilbert, cette dernière y faisant ses débuts), de l'émission d'humour « Alors raconte », ou encore de « Samedi soir », dans laquelle Philippe Bouvard donnait libre cours à sa verve légendaire.

Homme de télévision aux talents multiples, il se proposait, cette fois, de produire et réaliser une variété quotidienne, locomotive du journal de 13 heures sur TF1 durant l'été à venir, qui s'intitulerait « Cocktail maison ». Le présentateur, plutôt inattendu dans un tel rôle (même s'il l'avait été brièvement dans les années 1960, dans des émissions pour la jeunesse), serait l'humoriste et comédien Sim.

Le jour venu, je me rendis donc au rendez-vous fixé à la tour Montparnasse, où TF1 occupait plusieurs étages. Je n'imaginais pas, m'y rendant pour la première fois, que, quatre ans plus tard, animant quotidiennement le magazine de la santé « Viva la vie » au côté de Martine Allain-Regnault, également sur TF1, j'y aurais mon propre bureau.

Je déclinai donc devant mes deux interlocuteurs un *curriculum vitæ* express, insistant sur le fait que je commençais à avoir un carnet d'adresses bien fourni dans le domaine de la musique et du cinéma et que, ayant facilement accès à la nouvelle génération, le « plus » que je pouvais leur apporter par rapport à leurs nombreux contacts était sans doute une touche de modernité.

Je dus être suffisamment convaincant, puisque, le jour même, je signais mon tout premier contrat de travail avec TF1, comme assistant de production.

Bien sûr, ce n'était pas un engagement de longue durée, ni même dans le registre que je visais spécifiquement, mais ce contrat de deux mois et demi allait me permettre d'appréhender l'atmosphère d'un enregistrement de télévision et d'y observer le travail de chacun jusqu'à l'obtention du produit fini ; et, qui sait, avec un peu de chance, croiser une oreille attentive à mes projets futurs.

L'enregistrement de nos deux mois d'émission devait se dérouler dans une maison très *cosy* de l'île Saint-Germain, en bord de Seine, à Issy-les-Moulineaux. Deux personnages récurrents seraient chargés de donner quotidiennement la réplique à Sim, conférant à ce divertissement de la mi-journée des allures de mini-série : Maka Kotto, son majordome de couleur très stylé, mais rebelle à souhait, chargé précisément de préparer les fameux cocktails à base de lait, et Paul Préboist, son jardinier nonchalant, bien plus souvent endormi qu'à la tâche. C'est ainsi entouré que notre flegmatique Sim devait recevoir une multitude d'invités censés être ses amis.

Un « pitch » ne correspondant jamais tout à fait à la réalité, et hormis les quelques personnalités qu'il avait déjà côtoyées, Sim ne connaissait pas la plupart des invités que nous avions programmés. L'un de mes rôles consistait justement à faire en sorte que, le jour de l'enregistrement, il connût parfaitement le parcours de chacun d'entre eux et, mieux encore, quelques anecdotes les concernant. Je pensais lui rédiger des fiches, mais il préférait échanger directement avec moi, ce qui semblait faciliter sa mémorisation. De ce fait, nous sommes devenus proches assez rapidement.

Sim était un homme absolument charmant, qui plus est, d'humeur égale chaque jour, ce qui, dans ce milieu, est suffisamment rare pour être souligné. Le seconder m'amusait beaucoup, mais ce n'était pas toujours de tout repos, car il avait une fâcheuse tendance à oublier ou, pire, à mélanger un peu les infos que je lui transmettais. Il s'en tirait avec une irrésistible grimace dont il avait le secret. Il parvenait à déformer son visage comme s'il était en caoutchouc, déclenchant instantanément le rire chez ses invités.

Il est vrai que nous lui avions concocté des plateaux de choix qui feraient rêver plus d'un producteur aujourd'hui, afin de capter un public plus jeune : Céline Dion, Mylène Farmer, Jean-Jacques Goldman, Marc Lavoine, Patrick Bruel, entre autres. Des stars des générations précédentes, tels Françoise Hardy, Jacques Dutronc, Dalida, Dick Rivers ou Enrico Macias, acceptaient également de jouer le jeu des visiteurs d'un jour. À cette liste très incomplète, il fallait encore ajouter bon nombre d'humoristes trop heureux de venir donner la réplique au maître des lieux.

Bien entendu, Sim, sociétaire à part entière des « Grosses Têtes », la quotidienne de Philippe Bouvard sur RTL, invitait tous ses amis de l'émission, tels Carlos ou encore Gérard Jugnot. Plus il était proche de nos invités et plus ma tâche s'en trouvait simplifiée. C'est ainsi que Carlos vint chanter « Susanna », son succès du moment, version française du tube homonyme du groupe néerlandais The Art Company ; derrière lui, celle qui mimait le personnage de Susanna était une jeune femme que j'avais croisée à plusieurs reprises dans les couloirs de France Inter, et qui n'était pas encore la comédienne qu'elle est devenue : Clémentine Célarié. L'une des trois danseuses qui accompagnaient de la même manière Patrick Bruel sur son tube « Marre de cette nana-là » s'appelait Sophie Duez, future comédienne également.

Je ne sais si ces deux excellentes actrices en conservent un bon souvenir, mais cela démontre que l'on ne réussit pas dans nos métiers par hasard. Le chemin pour construire une carrière durable est long et sinueux, chaque étape est importante et permet souvent de récolter les fruits de la précédente. Ainsi, qui d'entre vous, chers lecteurs, aurait imaginé que j'avais été un jour l'assistant de Sim ?

Ma mission d'assistant de production ne se limitait pas à l'informer sur nos invités. Je devais gérer le plateau, m'assurer que chacun était à la bonne place au bon moment car, pour paraphraser Jean Gabin dans *Mélodie en sous-sol* : « Une minute de retard peut correspondre à des années de placard. » En télévision, en effet, le moindre dysfonctionnement peut entraîner des heures d'attente, ainsi qu'un coût de production plus élevé qui peut rapidement devenir insupportable.

Je pouvais donc aussi bien aller chercher nos stars chez elles – ce fut le cas, entre autres, avec Dalida – que les occuper en leur servant un café, en leur allumant une cigarette, ou tout simplement en les écoutant se confier, ce qui est bien plus fréquent qu'on ne pourrait l'imaginer.

J'ai précisé que recevoir les amis de Sim me simplifiait la tâche. C'était vrai, à une exception près : Gérard Jugnot, venu présenter son tout nouveau film, *Pinot simple flic*. Nous devions le retrouver dans le parc de notre villa, en tenue de policier, collant des amendes à tous les véhicules en infraction et notamment à l'Isetta de notre animateur, curieuse petite voiture ovoïde des années 1960, surnommée « pot de yaourt ».

Trouver un uniforme ne fut pas trop compliqué, mais obtenir un carnet de contraventions que l'on verrait en gros plan relevait de l'impossible. Une fois de plus, je dus mettre ma famille à contribution. Mon frère, Olivier, tout d'abord, qui m'avait rejoint dans l'équipe de production et qui, par je ne sais quel tour de passe-passe, se procura quelques originaux qu'il transmit en urgence à notre père imprimeur. Ce dernier, trop heureux de collaborer une unique fois à l'élaboration d'une émission de télévision, mais aussi de nous tirer une épine du pied, s'empressa de confectionner un carnet entier plus vrai que nature ! Gérard Jugnot s'amusa vraiment durant cette séquence, et décida de garder le carnet en souvenir.

Je suis très heureux d'avoir eu la chance d'exercer ce métier d'assistant de production durant quelques semaines. J'ai pu en apprécier la complexité et surtout l'importance. Cette fonction demande de la patience, de la clairvoyance, de la rapidité, de la disponibilité, et une connaissance parfaite des autres disciplines de ce métier. Je m'en suis toujours souvenu lorsque, arrivé sur le devant de la scène, j'ai bénéficié à mon tour du soutien très appréciable de collaborateurs dévoués et efficaces.

J'écris ces lignes sans nostalgie, mais l'émotion m'envahit en repensant à ce qui fut sans doute le prologue d'une carrière, prologue qui m'aura permis de côtoyer de grands noms de notre métier, dont certains, hélas, ne sont plus parmi nous. Que j'aie tissé ou non avec eux des liens d'amitié durables importe peu, ils sont à jamais dans ma mémoire. Je ne bois pas d'alcool, mais qu'il me soit permis, en leur honneur, de lever mon verre rempli d'un savoureux « Cocktail maison » dont ils avaient le secret !

« Yesterday »

De retour au pied du sapin, je remarque un paquet qui a, jusque-là, échappé à mon attention. Masqué par la grosse bûche qui tient lieu de pied à notre arbre de Noël, il semble pourtant plus imposant que les autres. Je m'empresse d'ôter l'emballage, d'abord avec minutie, puis, n'y parvenant pas, je le déchiquette littéralement pour découvrir un cadeau que je convoitais tout autant que le petit transistor…

Un électrophone Teppaz !

*

Cette marque connaissait un succès considérable auprès des jeunes adolescents dans les années 1960.

Adieu donc le tourne-disque « de papa » où les 78 tours régnaient en maîtres. Place à la nouveauté avec les 33 tours et surtout les 45 tours accessibles à tous ! Le modèle phare de la marque s'appelait Oscar et ressemblait à une valisette de voyage multicolore aux angles arrondis, avec un couvercle où se logeait le haut-parleur. Le mien était de couleur bleue, légèrement teintée de gris, et je le trouvais magnifique.

Je n'avais encore possédé aucun disque. J'avais bien sûr la possibilité d'écouter ceux de mon cousin, Gérard, le plus souvent en son absence, mais ceux-ci, même si je les appréciais, ne correspondaient pas exactement à mes goûts et j'avais de toute façon très envie, depuis plusieurs années, de posséder, moi aussi, ma propre collection.

Le premier des deux 45 tours qui accompagnaient mon électrophone venait juste de sortir dans le commerce. Je savais que mes copains ne le possédaient pas encore, et que je ferais beaucoup d'envieux, mais je n'imaginais pas que cette chanson deviendrait l'une des plus jouées à travers le monde.

Ce titre, c'était « Yesterday », et le groupe qui l'interprétait s'appelait The Beatles. Une véritable révélation, car cette chanson tranchait nettement avec tout ce qu'ils avaient enregistré jusqu'alors. La pochette, où l'on retrouvait les quatre garçons debout, côte à côte sur une plage de sable ensoleillée, devant une mer calme, les présentait plus détendus, plus sereins, plus adultes. Le calme après la tempête musicale des toutes premières années qui m'avaient rendu véritablement « addict ». Si j'avais pu les écouter en boucle du matin au soir, je l'aurais fait, mais ce n'était pas encore techniquement possible, sauf à posséder tous leurs enregistrements, ce qui n'était pas mon cas.

En colonie de vacances l'année précédente à La Vigotte, non loin de Remiremont dans les Vosges, mes copains et moi chantions déjà « She Loves You » à tue-tête, en nous limitant au refrain que nous déroulions dans une langue très éloignée de l'anglais, mais qui, de très loin, pouvait faire illusion. Nous y mettions de la voix, nous y ajoutions du cœur, mais le résultat n'était qu'une cacophonie joyeuse et entraînante.

C'est pourquoi, le jour où un concours de chant fut organisé, je choisis la prudence en interprétant « Le Martien », une chanson drôle, enfantine même, mais quasi inconnue d'Henri Salvador, qui me permit de remporter le trophée.

Cette chanson, je la chanterai une seconde fois sur scène à la fin des années 1990, *a cappella*, face à nul autre que… Henri Salvador, dont nous fêterons ce soir-là les quatre-vingts ans ! Il écoutera attentivement ma version, surpris d'un choix qui lui fera verser une petite larme d'émotion !

Je regardais donc la pochette de mon premier 45 tours comme l'on scrute avec plaisir une photo de vacances. Je pouvais l'écouter une fois, deux fois, dix fois, jusqu'à ce que, fatigué d'entendre toujours les quatre mêmes chansons, quelqu'un me lance une phrase du genre : « Tu nous mets autre chose ? », ou bien : « Tu n'avais pas des devoirs à faire ? », ce qui sonnait le glas de ma séance.

Plus tard, comme tous ceux de ma génération, lorsque la chaîne hi-fi aura supplanté à son tour l'électrophone, j'aurai un casque pour m'isoler sans gêner les autres. Pour l'heure, je me contentais de baisser le son et collais mon oreille sur le haut-parleur en fermant les yeux, le plus souvent allongé à même le sol pour mieux imaginer mes idoles en train de chanter. Ceux qui, d'aventure, me trouvaient sur leur passage, m'enjambaient gentiment, presque gênés de me déranger.

Ce 45 tours, je l'ai conservé de très nombreuses années après l'avoir passé des centaines de fois sur mon petit Teppaz. Je l'ai transporté dans des dizaines de boums, à tel point que, sans être rayé, il craquait tellement qu'il en était devenu inécoutable. Je l'ai perdu de vue lorsque le CD a fait son apparition et que les lecteurs ont remplacé à leur tour nos platines. Pour autant, les chansons des Beatles sont inusables et encore omniprésentes dans mon quotidien.

Le second petit vinyle était celui d'une jeune artiste française qui venait de remporter la dixième édition du concours Eurovision de la chanson, en représentant curieusement le Grand-Duché de Luxembourg avec « Poupée de cire, poupée de son ». En gros plan sur la pochette, elle portait un chapeau mou rose, laissant dépasser deux grandes mèches blondes qui lui cerclaient les joues. Un petit grain de beauté soulignait ses beaux yeux noirs. Oui, moi qui vénérais les groupes anglo-saxons, j'avais un vrai coup de cœur pour France Gall. Quelque chose de sucré et souriant dans sa voix me faisait aimer ses petites ritournelles, « Sacré Charlemagne » ou encore « Laisse tomber les filles ». Avoir un disque de France Gall était loin de me déplaire, même si celui-ci, « L'Amérique », n'aura pas été l'un de ses plus grands succès. Qu'importe, c'était elle, qui en plus chantait les louanges d'une immense nation qui m'attirait déjà beaucoup. Suivront « Baby Bop » et « Les Sucettes », avant de la retrouver avec joie dans un répertoire de grande qualité, dès 1974, avec « La Déclaration d'amour », prémices de toute la série de tubes signés Michel Berger.

Nous ne nous sommes rencontrés qu'une seule fois, le jour où j'ai eu le plaisir de présenter en *prime time* et en direct sur la 3, en 1987, une édition de « La Nouvelle Affiche », émission de variétés où France Gall partageait la vedette avec Alain Souchon. Je dois reconnaître que c'est avec ce dernier que la complicité fut instinctive et évidente. Il faut dire aussi que France était arrivée tardivement à Grenoble, où se déroulait l'émission, et nous n'avions pas eu réellement le temps de faire connaissance.

C'est à partir de ce Noël 1965 que je commence une collection de 45 tours d'abord, de LP (*long play*) ensuite, jusqu'à en posséder plus de trois mille à une certaine époque. Aujourd'hui encore, je suis moins friand de la musique virtuelle, même si, comme la plupart, je suis abonné à différents supports de téléchargement et que c'est un gain de place non négligeable, je dois bien le reconnaître. Mais le vinyle a réellement une sonorité particulière, et le plaisir de découvrir les photos et les textes à l'intérieur est irremplaçable. C'est pourquoi je suis très heureux de son actuel retour en force.

Je possède, encore aujourd'hui, une partie de ma collection et ne m'en séparerais pour rien au monde !

La route du Sel

Mes missions se poursuivaient sur l'antenne de France Inter, avec de très jolis moments.

Ce fut le cas lorsque Jacques Pradel décida d'emmener toute l'équipe arpenter à cheval la « route du Sel », en délocalisant notre émission sur les hauts plateaux du Larzac. Nous parcourions quotidiennement des dizaines de kilomètres en suivant les petits chemins qu'empruntaient jadis nos ancêtres, transportant à dos de mulets d'énormes sacs de sel depuis les régions de production jusqu'à celles qui en manquaient.

Rodez, Millau, Montpellier, Aigues-Mortes... décor somptueux dans lequel nous faisions vivre notre progression et partagions nos sensations quotidiennes avec les auditeurs. Des sentiers parfois escarpés, truffés d'obstacles inattendus, corsaient notre escapade à laquelle étaient venus se joindre le chanteur Hugues Aufray, amoureux des chevaux, et le fascinant cascadeur équestre Mario Luraschi.

Une météo capricieuse pimentait l'ensemble, mais le moral restait au beau fixe tant l'expérience était originale. Toute l'équipe était mobilisée en permanence car, pour fournir deux heures d'antenne, il nous fallait travailler dans des conditions pour le moins précaires la journée entière.

J'étais, comme d'habitude, chargé d'assurer les reportages, c'est pourquoi je me déplaçais non seulement à pied, mais le plus souvent en courant, micro à la main, casque sur les oreilles, attentif aux moindres sons susceptibles d'apporter une plus-value à nos enregistrements. Il y eut bien entendu des feux de camp, Hugues Aufray se gardant habilement de chanter et de tomber dans la caricature qui lui colle à la peau depuis le fameux sketch de Coluche. En revanche, Mario Luraschi nous démontra magnifiquement tout ce qu'il est possible d'obtenir d'un cheval quand la complicité frise l'osmose entre l'animal et le cavalier.

Nos auditeurs manifestaient en nombre leur curiosité *via* notre standard, prouvant ainsi leur intérêt pour des sujets intemporels et néanmoins passionnants.

Parcourant ces derniers jours les fréquences qui occupent actuellement la bande FM, je constate que ce type d'émission a totalement disparu. Certes, les stations se sont multipliées, mais elles se sont majoritairement tournées vers des programmes musicaux, ou encore des talk-shows où l'on retrouve presque toujours les mêmes intervenants, abordant les mêmes sujets que ceux traités sur les chaînes d'infos de la TNT à un autre horaire. Est-ce par manque de moyens ? Manque supposé d'intérêt de l'auditeur ? Manque d'imagination ? Conséquence d'une consommation différente des programmes TV sur tablette ou smartphone ?

Avant 1982, nos choix restreints étaient en définitive peut-être plus ouverts. Aujourd'hui, malgré un éventail de façade plus riche, l'auditeur est-il vraiment bénéficiaire ? Le fameux « buzz » recherché par tous n'est-il pas en train d'étouffer toute forme d'audace et de créativité ? La multiplicité n'est-elle pas en train de tuer la diversité pour cause de concurrence accrue ? L'auditeur du XXIe siècle y trouve-t-il plus de satisfaction que celui du siècle précédent ?

Je laisserai à chacun le soin de se forger sa propre opinion !

Aventures dans les airs…

Les voyages ont toujours tenu une place importante dans ma vie.

Devant le gros poste de radio de mon enfance, je rêvais en découvrant tous ces noms de villes que j'avais parfois du mal à me représenter. Les films en noir et blanc que je voyais à la télévision m'en donnaient souvent une vision un peu désuète ; ils constituaient néanmoins une première approche. C'est ainsi que l'Inde avait le visage des *Trois Lanciers du Bengale*, film mythique de Henry Hathaway avec Gary Cooper, une Inde britannique du début du XXe siècle. La ville d'Alger se résumait à la casbah où Jean Gabin se réfugiait dans *Pépé le Moko*. Quant à New York, l'adjudant Cruchot, *alias* Louis de Funès, venait d'y emmener ses gendarmes, m'en offrant par la même occasion une visite guidée.

D'où, parfois, quelques méprises. J'imaginais, par exemple, découvrir des paysages japonais en visionnant *Le Pont de la rivière Kwaï*, alors que ce dernier se trouve en réalité en Thaïlande !

Cependant, grâce au tableau représentant une mappemonde que ma mère avait rapporté du bureau et qui occupait une bonne partie d'un des murs du couloir reliant ma chambre à la cuisine, je pouvais localiser de nombreux pays. L'Espagne, notamment, qui fut ma première incursion hors de France, avec mes parents bien sûr, mais aussi « tata Mimi et tonton Marcel », comme toujours. Nous étions allés jusqu'à Irún, petite station très touristique à quelques kilomètres de la frontière. Il est vrai que l'on ne plaisantait pas avec les douaniers. Il fallait montrer patte blanche et, comme me le rappelait mon père, « se tenir à carreau » et « ne pas faire le mariole », pour ne surtout pas attirer l'attention d'un officiel. Aussi, coincés dans la file d'attente, trois voitures avant notre tour, nous nous efforcions de rendre nos visages aussi anonymes que possible, et tenions nos justificatifs d'identité à portée de main.

Passer la douane sans problème offrait un soulagement presque égal à celui que l'on éprouvait après avoir obtenu une bonne note à une interrogation écrite surprise. À cet instant, nul ne songeait au retour, quand les deux ou trois cartouches de cigarettes transportées, bien qu'autorisées, ne manqueraient sûrement pas de provoquer une bouffée de chaleur supplémentaire.

De ce très court séjour en terre hispanique, je garde le souvenir du petit train à crémaillère de La Rhune, côté français, qui, après environ mille mètres d'ascension abrupte, offrait un point de vue exceptionnel sur tout le Pays basque ; mais aussi de tata Mimi qui n'avait jamais voyagé aussi loin de chez elle et qui, arrivée à Irún, interrogeait commerçants et passants avec cette question cruciale :

— Français ? Nous, Français… Vous, comprendre ?

Elle n'en revenait pas que tout le monde la comprenne si bien, et en concluait que le français était véritablement une langue internationale !

Ces quelques heures de détente en territoire espagnol constituèrent, je crois, son unique et très brève sortie hors de l'Hexagone, mais elle m'aura transmis à vie cette interrogation à laquelle je pense toujours en m'en amusant intérieurement chaque fois que je passe une douane : « Français ? »

Les trajets qui nous conduisaient sur nos lieux de vacances s'effectuaient exceptionnellement en train et, le plus souvent, en voiture. Pas question de prendre l'avion, encore réservé aux classes sociales favorisées ou aux rares déplacements professionnels des cols blancs. Gilbert Bécaud, conscient de cette réalité, mais également du besoin d'évasion d'une part croissante de nos compatriotes, fût-ce par le rêve, en avait fait une jolie chanson, « Dimanche à Orly ». Une idée simple pour un morceau qui l'était tout autant, mais qui soulignait une nouvelle fois le génie de son interprète.

Puisque nous n'avions pas les moyens de prendre l'avion, nous profitions de notre repos dominical pour aller en famille les voir décoller. Laissant courir notre imagination, nous rêvions à toutes ces destinations que l'on pensait encore plus magiques qu'elles ne l'étaient sans doute en réalité.

Il me faudra attendre mes dix-sept ans pour décoller à mon tour, direction Ajaccio, à bord d'une Caravelle. Mes toutes premières vacances d'été sans mes parents, mais aussi ma toute première visite en Corse, prélude à des séjours de plus en plus nombreux et de plus en plus longs. Propulsé au-dessus des nuages à une vitesse inimaginable, j'avais ressenti la puissance des réacteurs à travers tout mon corps, avant de connaître une sérénité inattendue, en contemplant par le hublot ce qui ressemblait à un mélange de coton et d'immensité enneigée.

Mon père éprouvera les mêmes sensations bien des années plus tard, alors que je l'emmenais fêter ses quatre-vingts ans à Marrakech, puis à Essaouira, destinations dont il rêvait, sans doute parce que, trois décennies auparavant, maman avait fait ce même périple sans lui, en compagnie de collègues de bureau. Une façon pour lui de la retrouver fugitivement à travers les paysages, les couleurs, les senteurs et l'hospitalité de nos amis marocains dont elle lui avait jadis parlé avec enthousiasme. Ce fut le dernier de ses très rares trajets en avion…

Pour moi, la décontraction dans les airs n'aura duré qu'un temps. Passé l'euphorie des premiers vols, l'angoisse est devenue pour plusieurs décennies ma fidèle accompagnatrice, après un décollage improbable sous un orage d'anthologie à Kennedy Airport, lors de mon tout premier séjour new-yorkais en 1981.

Les vols se succédant par la suite à une cadence de plus en plus soutenue, les petits incidents se sont multipliés.

Je ne me suis jamais senti particulièrement claustrophobe, mais le manque de visibilité, associé au pouvoir de décision délégué à un pilote inconnu, a constitué au fil du temps un facteur aggravant. J'analysais le moindre son qui me paraissait suspect, la moindre turbulence, surtout celles qui me semblaient les plus sournoises. Je finissais par piloter à distance sans quitter mon siège, essentiellement lors des phases dites critiques, telles que l'atterrissage. Quand la pression devenait trop forte, je prenais les commandes. Je remettais les gaz, actionnais les volets, sortais ou rentrais le train d'atterrissage. Tout cela dans ma tête, évidemment. Ma nervosité silencieuse trahissait mon angoisse. De grosses gouttes de sueur perlaient sur mon visage, quelles que fussent la saison et la température. Mon obsession grandissante finissait parfois par avoir raison de la patience de certains de mes compagnons de voyage. Je restais muet, mais mon calme et ma décontraction habituelle me faisaient cruellement défaut. Arrivé à destination, j'étais « vidé, rincé, épuisé » par autant d'efforts.

Curieusement, ce syndrome a disparu au bout de nombreuses années, aussi mystérieusement qu'il était apparu. Sans thérapie particulière, mais avec, il est vrai, la chance d'avoir eu le privilège d'effectuer bon nombre de décollages et d'atterrissages dans le cockpit, invité par le commandant de bord.

Certains épisodes avaient jusqu'alors retardé ma « guérison ». Ainsi, sur une liaison intérieure Mexico-Ixtapa Zihuatanejo, ce steward mexicain, assis face à moi dans un avion qui n'inspirait qu'une confiance très relative, qui ne trouva rien de mieux que de se signer avant de réciter une interminable prière les yeux fermés !

Pire encore, le 747 qui devait nous conduire de Los Angeles à Tahiti, et qui rata son décollage pour terminer sa course dans un champ voisin. Bien qu'il n'y eût ni dégâts apparents ni blessés, nous eûmes droit au grand jeu : sortie un par un par les toboggans, accompagnés par les pompiers arrivés toutes sirènes hurlantes, avant d'embarquer plusieurs heures plus tard à bord d'un autre appareil.

Enfin, passagers d'un Airbus de la Thaï Airways, nous fûmes pris, ma compagne et moi, dans une sorte d'ouragan dont seuls les pays de l'Est asiatique ont le secret. À dix mille mètres d'altitude, sur cette ligne intérieure reliant Chiang Mai à Bangkok, nous étions les deux seuls Européens, et ne parvenions pas à comprendre ce que l'hôtesse de l'air tentait d'expliquer dans une sono totalement saturée aux passagers affolés. Les masques à oxygène venaient, selon l'expression consacrée, de « tomber à notre portée », nous tanguions d'un côté à l'autre, le nez collé au hublot, pour tenter d'évaluer la puissance des éclairs qui transperçaient la nuit noire avant, nous semblait-il, de venir frapper l'extrémité des ailes de notre appareil. Les secousses étaient de plus en plus impressionnantes, d'autant que l'ensemble de la cabine avait été plongé dans le noir. Curieusement, ce qui nous tracassait le plus était de nous dire que personne n'avait connaissance de notre présence à bord de cet avion.

Dans ces instants, on fait le point sur sa vie en moins de dix secondes, ainsi qu'une prière à l'on ne sait trop quelle divinité, assortie d'une promesse qu'à coup sûr on ne tiendra pas, si, d'aventure, on finit par s'en sortir. On prend enfin, mais bien trop tard, conscience que si les consignes de sécurité sont nécessaires, elles sont tout à fait dérisoires, compte tenu du risque couru.

Nous nous posâmes finalement dans la capitale thaïlandaise dans des conditions apocalyptiques, mais, grâce à la dextérité de notre pilote, sans aucun dommage. J'allais ajouter « heureux d'avoir retrouvé la terre ferme », mais elle ne l'était pas, puisque c'est en canot pneumatique sur deux mètres d'eau que nous avons fini par rejoindre notre hôtel.

Je pourrais multiplier les exemples d'expériences angoissantes, mais, comme je le disais, je me suis rendu compte un beau matin, sans comprendre pourquoi, que je n'avais plus à seconder le pilote au moment de la procédure d'approche précédant l'atterrissage… enfin, plus systématiquement !

Étonnamment, ces péripéties aériennes n'auront jamais altéré mon goût des voyages.

Il y eut bien sûr Eyjafjallajökull, ce volcan islandais entré en éruption, qui cracha ses cendres chaudes sur toute l'Europe continentale une grande partie de l'année 2010, perturbant profondément les transports aériens. C'est ainsi que, de retour d'un séjour en Égypte cette année-là, après avoir décollé de Taba, à l'extrême nord-est de ce pays, avec plusieurs jours de retard, nous atterrîmes à Lyon au milieu de la nuit, en lieu et place de Paris, alors que le lendemain matin je devais impérativement me trouver sur le plateau de « L'École des fans ». Une course contre la montre commença alors pour me procurer un véhicule et rejoindre la capitale dans les temps.

Il y eut encore le manque de carburant dû à une tempête de neige sur New York, nous obligeant à faire une escale forcée au Groenland pour faire le plein, alors que je me faisais une joie d'être à bord du Concorde pour l'unique fois de ma vie, et de traverser l'Atlantique en à peine plus de trois heures. Nous avions mis finalement presque deux fois plus de temps qu'une traversée normale !

Le transport vers les régions lointaines ne doit pas, sauf péripétie imprévue, représenter le point fort du voyage. C'est pourquoi, même au temps de mes plus grandes angoisses, je n'y ai jamais renoncé. Sinon, comment aurais-je connu l'Afrique du Sud et l'immense plaisir, à l'occasion d'un réveillon de la Saint-Sylvestre, d'accompagner vocalement un groupe de Zoulous sur le fameux titre d'Eddy Grant, « Gimme Hope Jo'anna », sur la petite scène d'une taverne perdue au fin fond des faubourgs de Durban ?

Je n'aurais pas ressenti l'une des plus grandes frousses de ma vie, assis pantalon baissé dans des toilettes extérieures dans une forêt tropicale du nord-ouest du minuscule État du Swaziland (devenu royaume d'Eswatini depuis 2018), face à un phacochère mâle dont les intentions étaient visiblement hostiles à mon égard.

Je n'aurais sans doute jamais connu non plus la fameuse cérémonie du Tifaifai (prononcer Tiféfé) à mon arrivée à Tahiti, afin de nous marier ma compagne et moi de manière pour le moins inattendue, serrés dans une immense étoffe très colorée, littéralement ensevelis sous une montagne de fleurs de tiaré, en dansant au son des ukulélés.

Je ne me serais sans doute jamais recueilli sur les tombes de Jacques Brel et de Paul Gauguin à Hiva Oa, aux îles Marquises.

Jamais, je n'aurais séjourné au sein de tribus Akha et Hmong dans les montagnes frontalières du Myanmar (ex-Birmanie) et du Laos, au nord de la Thaïlande.

Jamais, je n'aurais accompagné les raies géantes dans leurs balades aquatiques, plaqué sous leur ventre, jouant avec elles dans le sublime lagon de Bora Bora.

Jamais, je n'aurais retenu mon souffle, en admirant les célèbres plongeurs d'Acapulco.

Jamais, je n'aurais déjeuné des offrandes de la communauté sikhe, entouré dans un temple par plusieurs centaines de fidèles au Rajasthan.

Jamais, enfin, je n'aurais photographié certaines espèces d'oiseaux parmi les plus rares du monde dans le parc national d'Aviario, tout près de Carthagène, en Colombie…

Mon gros poste de radio m'avait donné le goût des voyages. En retour, j'aurai fait au moins un voyage pour la radio.

La Louisiane…

En ce début de soirée 1985, je sortais du cinéma où je venais d'assister à la projection du sublime film de Sydney Pollack avec Meryl Streep et Robert Redford, *Out of Africa*, et je rentrais chez mes parents où il m'arrivait encore parfois de passer la nuit.

Toujours à la recherche de sujets originaux pour l'émission de France Inter, j'avais mis toute ma famille à contribution, comme au temps pas si lointain où j'élaborais des maquettes très artisanales. Tous étaient devenus à leur tour, sinon mes reporters, du moins d'excellents pourvoyeurs de sujets potentiels. Cela les amusait, je crois, de décortiquer les journaux, à la recherche de la petite annonce ou de l'info dont je pourrais peut-être tirer un sujet de reportage original.

Ce soir-là, durant le dîner, mon père m'apprit qu'un de ses collègues lui avait parlé de l'étonnante proposition d'une association. Cette dernière recherchait cinq étudiants ou jeunes récemment entrés dans la vie active pour aller rencontrer cinq semaines durant leurs homologues américains. La proposition était tout aussi étonnante que séduisante, aucune contrepartie n'étant apparemment demandée.

Je m'interrogeai dans un premier temps sur l'exactitude et le sérieux d'une proposition dont je ne discernais pas d'emblée la finalité, et songeai immédiatement à l'opportunité d'une enquête sur une éventuelle arnaque susceptible de correspondre au format de notre émission. Je posai donc ma candidature.

Quelques jours plus tard, j'étais convoqué pour un entretien qui se résuma à décliner mon identité, mon parcours universitaire dans le détail, à estimer mes connaissances ainsi que mon degré d'intérêt pour les États-Unis. Enfin, si ma participation était validée, je devais confirmer que je serais libre de tout autre engagement durant cinq semaines. La veille de ce premier rendez-vous, mon père m'avait précisé que son collègue lui avait indiqué que l'association en question était le Rotary International. Cette révélation m'avait rassuré quant au sérieux du projet, et conduit à abandonner sur-le-champ l'idée d'un reportage sur les dessous de l'organisation d'un tel séjour, occasion pour de jeunes adultes de bénéficier d'une sorte de bourse au sein d'un groupe d'études. C'était d'ailleurs le libellé de ce voyage : « Group Study Exchange. »

Partir une nouvelle fois aux États-Unis, dans des conditions aussi originales, représentait une opportunité unique à côté de laquelle je ne voulais en aucun cas passer. D'autant que ma candidature était retenue. Encore me fallait-il obtenir un « bon de sortie » de Jacques Pradel, car je serais absent de l'antenne pendant cinq semaines, ce qui, dans un premier temps, sembla lui poser un réel problème. Après réflexion, j'obtins néanmoins son autorisation, à la seule condition de rapporter « du son » de mon périple. Banco !

À peine le temps de faire connaissance avec Pierre, notre délégué chef de groupe, et mes quatre coéquipiers, nous embarquions déjà à bord d'un 747, direction Bâton-Rouge *via* Atlanta. C'est dans l'avion que nous nous présentâmes les uns les autres. Bertrand et Henri étaient agriculteurs bardés de diplômes en marketing et économie pour le premier, en informatique pour le second, qui avait étudié à l'université de Georgie et s'était spécialisé bien avant l'heure dans le « bio ». Olivier, le troisième larron, amorçait une carrière de médecin généraliste. Enfin, le dernier, prénommé Gregory, était un jeune gastro-entérologue qui, quelques années plus tard, ferait sa vie dans le Massachusetts, et deviendrait l'un des grands patrons de l'hôpital de Boston. Malgré l'éloignement, j'entretiendrai des liens d'amitié solide avec Greg, et nous ne nous perdrons jamais de vue par la suite.

Nous devions donc rencontrer et vivre le quotidien de familles américaines ayant les mêmes centres d'intérêt que chacun de nous, à l'occasion d'un périple qui nous permettrait en même temps de découvrir la Louisiane. Nous ne nous retrouvions que lorsque nous changions de ville et de famille. Le reste du temps, nous étions occupés à découvrir la façon dont nos hôtes américains exerçaient notre métier. J'eus ainsi l'occasion d'assister et, parfois, de participer, modestement, à des shows TV en tout genre : l'opportunité de faire de l'antenne sur de nombreuses stations FM, les fameuses « WW », et, bien sûr, d'échanger avec des présentateurs en vue et des producteurs de renom. Muni de mon propre matériel, je n'oublierais pas d'enregistrer tout ce qui me semblait présenter un intérêt pour l'antenne à mon retour en France.

À Lafayette, je loge chez Eddy Richard, le papa de Zachary Richard, l'auteur-compositeur et interprète du très célèbre « Travailler c'est trop dur », repris plus tard par Julien Clerc. Eddy me fait généreusement profiter de son carnet d'adresses et m'accompagne sur de nombreuses émissions de radio, ainsi que sur un mémorable *cook show* (moi qui suis nul ou presque en cuisine !), une sorte de « Top Chef » avant l'heure.

À Lake Charles, j'assiste au sauvetage d'une conductrice après un grave accident de la route. La télévision et, dans une moindre mesure, la radio sont omniprésentes dans la vie quotidienne, à croire que les équipes locales sillonnent la région en permanence.

Petite digression dans la région d'Opelousas, où j'apprends à semer le riz en avion, assis au côté d'un agriculteur-aviateur un peu « perché » qui éjecte des centaines de kilos de semences en moins de cinq secondes, provoquant plus que de simples turbulences, un énorme trou d'air tel que nous nous retrouvons à quelques mètres du sol. Une frayeur amplifiée par le fameux « We Are the World » de USA for Africa, qui triomphe cette année-là, et que nous écoutons à fond pour la quinzième fois au moins.

— C'est bon ? me lance-t-il, voyant que je n'ose plus ouvrir les yeux !

Autres frayeurs encore dans les bayous où nous allons, de nuit, observer – et pour certains chasser – les alligators. Coiffés d'un casque surmonté d'une petite lampe, façon mineurs, nous restons des heures dans l'eau jusqu'à la poitrine, dans le noir complet, jusqu'à ce que plusieurs paires d'yeux brillants apparaissent et se rapprochent ostensiblement… Brrrrr !

J'ai rapporté de ce voyage de nombreux et très bons souvenirs, le privilège d'avoir été fait maire d'honneur de Bâton-Rouge, d'être devenu propriétaire d'une parcelle virtuelle d'un pouce de terrain à Lake Charles, sans oublier… plusieurs heures des fameux « sons » que j'avais promis et qui furent diffusés une semaine durant sur France Inter.

Nous voilà très loin de notre courte escapade espagnole du début des années 1960, avec ma famille proche, loin de ces longs trajets en voiture où nous redoutions la panne d'essence. Pourtant, le souvenir est tout aussi puissant.

Pourquoi ceux qui ne sont plus là sont-ils parfois plus présents que lorsqu'ils étaient là ?

Casting gagnant

Deux 45 tours, des livres et une BD, un transistor, un électrophone constituaient donc l'essentiel de mes cadeaux cette année-là. Sans que je m'en rende vraiment compte, cette liste ressemblait à une lettre d'adieu à un passé encore tout récent où, seuls, des jouets de toutes sortes, découverts avec émerveillement au pied du sapin, répondaient à mes souhaits les plus chers.

La page de l'enfance se tournait en douceur. Dans une aile différente du même bâtiment, le Collège d'enseignement général (CEG) se substituait subrepticement à l'école primaire. Mes copains restaient les mêmes, mais « les filles », jusque-là absentes de notre univers, faisaient leur première apparition, en pointillé dans un premier temps, de façon beaucoup plus affirmée par la suite.

En cette fin d'après-midi, nos différents visiteurs prenaient congé, rapidement pour certains, plus lentement pour d'autres qui avaient toujours un dernier mot à ajouter, et qu'il fallait presque pousser dehors. Comme chaque année, une dizaine de minutes plus tard, l'un d'entre eux frapperait à la porte pour récupérer les plats désormais vides et tout propres dans lesquels ils avaient apporté la veille les mets choisis pour notre réveillon. D'autres, plus étourdis encore, ayant égaré leur trousseau de clés, en profiteraient pour fumer une toute dernière cigarette en notre compagnie.

La nuit déjà tombée en cette période hivernale, nous entrions dans le « ventre mou » de cette journée de Noël, suscitant un sentiment analogue à celui que nous connaissions presque tous les dimanches en fin d'après-midi : une sorte de temps mort où l'on ne sait généralement plus trop quoi faire, où, disons-le franchement, un inexplicable petit coup de blues nous envahit… On s'ennuie !

Que faire, après tant d'agitation ces dernières vingt-quatre heures ? Durant ces deux journées de festivités, la télé est presque toujours restée éteinte… Je suis en manque !

*

En manque, oui. Même si mes rapports sont au beau fixe avec les équipes et les décideurs de la radio publique, ma situation professionnelle ne semble pas vouloir trouver un nouveau souffle. Je suis en manque de nouveaux projets, en manque d'avenir, en manque de… télévision ! Car je viens d'y goûter à différentes reprises.

La dernière en date, et non des moindres, vient d'avoir lieu quelques mois plus tôt, à l'occasion de ce long séjour en Louisiane. M'exprimer sur les antennes et répondre aux différentes interviews en anglais-américain-cajun n'a pas toujours été chose facile, mais j'ai le sentiment de ne m'en être pas trop mal sorti. Ces courtes interventions m'ont permis de humer l'ambiance des plateaux TV et des studios, m'inoculant une dose supplémentaire du virus.

Bien plus tôt, il y avait eu cette quatrième chaîne locale à La Mongie, dans les Pyrénées ; mais, malgré les plaisirs et l'expérience appréciables que j'avais pu en retirer, je n'avais pas ressenti le « grand frisson ».

Entre ces deux approches, « Cocktail maison », durant l'été 1984, m'a vu collaborer avec Sim et le couple Folgoas. Un peu plus de deux mois à programmer, à préparer, à assister les différents protagonistes. Deux mois à côtoyer les cadreurs, le directeur photo, les preneurs de son et, plus largement, l'ensemble des intervenants, jusqu'aux chargés de production et, bien entendu, le réalisateur… et sa scripte !

C'est avec cette dernière que je me suis particulièrement lié d'amitié. Elle connaît parfaitement les différents métiers de l'audiovisuel et s'étonne, compte tenu de nos nombreuses conversations sur le sujet et de l'aptitude qu'elle semble me reconnaître, qu'aucun décideur n'ait encore fait appel à mes services.

L'émission enregistrée, nous restons en contact, ce qui lui donne quelque temps plus tard l'occasion de me présenter son mari. Ce dernier, fraîchement engagé sur la toute nouvelle chaîne de télévision privée, a eu vent que les programmateurs étaient à la recherche d'un nouvel animateur pour présenter un jeu. Un casting est donc organisé. Il s'informe sur le lieu, la date et le nom de la personne à contacter, et me transmet ces infos en temps utile, mais rien de plus, puisqu'il ne travaille pas aux programmes.

Le jour J, vêtu de mon plus beau costume, je me rends donc à ce rendez-vous, sans me douter de l'importance qu'il aura pour mon avenir professionnel.

Un plateau de télé très sobre, un pupitre derrière lequel je me place et, me semble-t-il, trois faux candidats en face de moi. Une seule directive : faire preuve d'humour, de culture et de rapidité ! Le chrono est déclenché… c'est parti !

Combien de temps cela a-t-il duré ? À vrai dire, je ne m'en souviens plus vraiment, tant j'ai eu l'impression, un peu comme aujourd'hui au théâtre, d'être dans la peau d'un autre !

Sur l'instant, je ne parviens même pas à me faire un avis objectif sur la qualité de ma prestation.

— Merci beaucoup, monsieur Risoli. Fin du test, on vous rappellera…

… ou pas ! Car les semaines suivantes, qui nous conduisent tranquillement vers la fin de l'année 1985, me laissent sans nouvelles. D'autres postulants ont sûrement été « castés » à leur tour. Hypothèse la plus vraisemblable : la prestation de l'un d'eux, plus convaincante que la mienne, a emporté la décision finale. Je finis donc par m'en autopersuader : « C'est mort. »

Je reprends donc mes reportages pour les matinées de France Inter, et finis par décrocher la présentation de la matinale du week-end, de 5 heures à 8 heures. Une session forcément moins écoutée qu'en semaine, mais très agréable à animer. J'ai appelé cette émission du petit matin : « Réveil mutin. » Un mélange bien dosé de courtes infos pratiques, de musique et d'interventions d'auditeurs en direct sur l'antenne. Nous échangeons avec eux comme de vieux amis autour d'un café, de bon matin, au bistro du coin. Lorsque l'un d'eux me demande : « Ça va, Philippe ? », je réponds machinalement : « Oui, très bien… Je suis en pleine forme ! » Mais, intérieurement, une grosse voix hurle : « Pourquoi dis-tu ça ? Tu sais très bien que ça ne va pas du tout ! »

Bien sûr que ça ne va pas. Nous sommes maintenant mi-janvier 1986 et, décidément, ma prestation ne semble avoir laissé aucune trace dans les couloirs de Canal+.

Seul point positif de ce début d'année, je pars à Cannes pour le compte de l'émission à laquelle je collabore toujours en semaine, afin d'y couvrir le Midem, célèbre marché du disque.

Arrivé à mon hôtel cannois fin janvier, je viens d'enregistrer un premier reportage et rentre prendre une douche avant de ressortir pour le dîner.

Sonnerie du téléphone. Je décroche :

— Monsieur Risoli ?… Vous avez été choisi pour animer notre nouveau jeu quotidien. Rendez-vous dans les studios de Canal. Nous enregistrons dans trois jours. Bonne soirée !

Assis sur mon lit, je reste abasourdi de longues minutes par cet appel auquel je ne m'attendais plus du tout. J'avais envie d'ouvrir la fenêtre et de hurler ma joie au monde entier : « Ils m'ont choisi ! Ils m'ont choisiiiiii ! »

La semaine suivante, après une première salve d'enregistrements qui semblent donner entière satisfaction à l'équipe de direction, la toute première émission de télévision dont j'ai la charge est prête à être diffusée :

CANAL+
Lundi 10 février 1986 à 20 h 15
« STAR QUIZZ »

À 20 h 15 précises, ce jour-là, ma nouvelle vie de présentateur-animateur de télévision commence !

De l'autre côté de l'écran, mes parents n'en perdent pas une miette.

Premières émotions, nouvelles sensations à l'aube de ce long parcours télévisuel qui va me faire croiser le chemin de beaucoup d'entre vous…

Table

Remerciements

À Mathieu Johann pour son professionnalisme et son enthousiasme communicatif après avoir lu mon manuscrit.

À l'équipe des Éditions de l'Archipel, pour sa bienveillance à mon égard.

Sans oublier Anne, ma femme, ma première lectrice pour son soutien encore et toujours.

Cet ouvrage a été composé
par Facompo
à Montrouge (Hauts-de-Seine)

Impression réalisée par

NORMANDIE ROTO IMPRESSION S.A.S.
à Lonrai (Orne)

en août 2023
pour le compte des Éditions de l'Archipel
département éditorial
de la S.A.S. Écriture-Communication

Imprimé en France
N° d'impression : 2302589
Dépôt légal : septembre 2023